니체의
인간관 연구

니체의
인간관 연구

정영수 지음

일러두기

이 글은 2015년도 여름에 학위가 수여된 본인의 박사 논문을 출간한 것이다. 원제는 「니체의 인간관 연구-그의 '자기'(Selbst) 개념을 중심으로-」이다.

원래의 논문에서 몇 군데 문구들만 풀어서 고쳤을 뿐 전체적으로 주제를 이끄는 문제의식과 주장은 바뀌지 않았다. 애초에 논문의 출판 의도는 없었다. 그러나 학위 취득 후 개인적 삶에 바빠, 혹은 일상의 번다(煩多)함에 치여 계획했던 글들을 의도한대로 완성하지 못하는 경우들이 많아졌다. 이 여유 없음은 지적 탐구에 종사할 만한 여유가 있는 소수를 제외하곤 현재의 자본주의 내에서 살아가는 대부분의 소시민들이 겪어야 하는 모습들이다. 대부분의 이들에게 부족한 것은 철학적 소양이 아니라 그 소양을 체화할 삶의 여유이다. 이것이 철학이 삶에 근거하지 않은 고담준론(古談峻論)과 개념의 유희를 경계해야 하는 이유이다.

철학은 소크라테스를 위시한 위대한 철학자들이 보여준 것처럼 삶과 죽음 사이를 경계 짓고 중요한 선택을 강요하는 실존의 무게를 학문에 지니고 있다. 그래서 철학의 전제조건은 바로 삶에 대한 치열한 성찰이 될 수밖에 없다. 철학을 하는 자들에게 '사유함'은 생명이며 '사유할 수 있는 삶'은 실존적 쾌락이다. 반대로 그들에게 '사유할 수 없음'은 그 자체로 존재의 망각이며 실존적 비루함이다. 그런데 '삶' 없는 주체가 어디 있던가?

　나 또한 지속되는 공직 생활, 늦은 결혼, 딸의 출생, 시골 전원주택으로의 이사 등이 학위 취득 후 내게 발생했던 일상의 삶들이었다. 거주지를 시골의 한적한 주택으로 옮기고 농작물들, 꽃과 나무가 무성한 자연에서 그것들을 돌보며 사는, 자못 자연인으로서의 내 삶이 익숙해질 무렵 그리고 대학교에서 철학사 강의까지 하게 되었을 즈음, 난 내게 남아있는 시간이 온전히 나만의 것은 아니라는 것을 실천적으로 깨닫게 되었다. 시·공간에 놓인 내 신체, 점점 내 유한함으로 인해 사라져가는 시간, 확장되어가는 관계로 인한 부가적 삶들을 겪으며 현재에서나마 지금까지의 내 흔적을 남길 필요를 느꼈다.

　문득 다시 묻게 된다. 도대체 '나'는 '누구'로서 살고 있는가?

　철학은 여전히 내 갈망의 대상이다. 그러나 삶은 짧고 사유는 지난(至難)하다. 지금도 나는 학생들에게 철학을 가르치면서도 내가 철학을 제대로 가르치는지, 나아가 과연 내가 그들에게 철학을 가르칠 정도로 철학적이기나 한지 자문하고 있다.

과연 철학이란 무엇인가?

가끔은 기쁘고, 가끔은 슬프며, 간혹 설렘에 심장이 뛰기도 하고, 그리고 아주 자주 내 주위가 온통 경이로 가득 차 있다는 걸 새삼 발견하기도 할 때, 도대체 이 삶을 철학으로 어떻게 설명해야 할지 난감했다. 내 실존을 그려내는 철학은 어떻게 가능할 것인가? 난 아직도 니체가 비판한 '무리' 안의 '비루한 자'에 불과한 건 아닌가?

긴 고통, 짧은 행복, 그것이 니체의 삶이었지 않았을까? 일찍 여읜 부친, 수시로 엄습했던 발작과 질환, 얻지 못한 사랑… 그는 정말 강해지려 했다. 그의 철학은 그 자신에게도 던지는 물음이자 각오였다. 그는 자신과 세계를 부인하지 않으려 했고 최후의 것까지 긍정하려 했다. 그런데 그런 니체를 공부하며 그의 사상으로 학위까지 받은 나는 과연 진정으로 '니체적'인가? 나는 과연 '파괴'하고자 했고 '긍정'하고자 했으며, 그러면서 '창조'하고자 했는가? 아직도 모르겠다.

이 논문의 간행을 맡아준 한국학술정보(주)와 편집진께 감사드린다.

부인 김경미와 딸 민채에게 고마움을 전한다.

약어목록

필자가 니체 전집을 인용할 때는 국내 번역본인 책세상 판본을 기준으로 하였다. 그러나 번역본의 의미가 불충분할 때는 다른 번역어를 제시하였다.

또한 필자가 Friedrich Nietzsche의 글을 직접 인용할 때는, *Nietzsche Werke*, Kritische Gesamtausgabe, Herausgegeben von Giorgio Colli und Mazzino Montinari, Berlin, 1967-1995를 표준으로 삼았다.

이 전집을 인용할 때는 *KGW*로 약칭하고 전집의 번호를 병기하였다. 그리고 전집의 각 권은 아래와 같이 약호로 표기하였다. 약호는 다음과 같다.

1. 『비극의 탄생』—*Die Geburt der Tragödie* (이후 *GT*) in *KGW* Ⅲ-1(3-152).
2. 『반시대적 고찰』—*Unzeitgemässe Betrachtungen* (이후 *UB*) in *KGW* Ⅲ-1(153-423).
3. 『인간적인, 너무나 인간적인 Ⅰ』— *Menschliches, Allzumenschliches Ⅰ* (이후 *MA Ⅰ*) in *KGW* Ⅳ-2(3-375).
4. 『인간적인, 너무나 인간적인 Ⅱ』—*Menschliches, Allzumenschliches*

Ⅱ (이후 *MA Ⅱ*) in *KGW* Ⅳ-3(3-479).

5. 『아침놀』 – *Morgenröte* (이후 *M*) in *KGW* Ⅴ-1(3-335).

6. 『즐거운 학문』 – *Die fröhliche Wissenschaft* (이후 *FW*) in *KGW* Ⅴ-2(13-335).

7. 『차라투스트라는 이렇게 말했다』 (이후 『차라투스트라』) – *Also sprach Zarathustra: Ein Buch für Alle und Keinen* (이후 *Za*) in *KGW* Ⅵ-1(1-404).

8. 『선악의 저편』 – *Jenseits von Gut und Böse: Vorspiel einer Philosophie der Zukunft* (이후 *JGB*) in *KGW* Ⅵ-2(3-255).

9. 『도덕의 계보』 – *Zur Genealogie der Moral* (이후 *GM*) in *KGW* Ⅵ-2(259-430).

10. 『바그너의 경우』 – *Der Fall Wagner* (이후 *WA*) in *KGW* Ⅵ-3(9-70).

11. 『우상의 황혼』 – *Götzen-Dämmerung* (이후 *GD*) in *KGW* Ⅵ-3(49-157).

12. 『안티크리스트』 – *Der Antichrist* (이후 *AC*) in *KGW* Ⅵ-3(163-252).

13. 『이 사람을 보라』 – *Ecce Homo* (이후 *EH*) in *KGW* Ⅵ-3(253-372).

14. 『플라톤 이전의 철학자들』 – *Die vorplatonischen Philosophen* (이후 *DVP*) in *KGW* Ⅱ-4(211-362).

15. 『유고(1869년 가을~1872년 가을)』 – *Nachgelassene Fragmente Herbst 1869 bis Herbst 1872* [이후 *NF (1869H-1872H)*] in *KGW* Ⅲ-3(5-445).

16. 『유고(1870년~1873년)』 – *Nachgelassene Schriften 1870~1873* [이후 *NS (1870-1873)*] in *KGW* Ⅲ-2(1-391).

17. 『유고(1875년 초~1876년 봄)』 – *Nachgelassene Fragmente Anfang 1875 bis Frühling 1876* [이후 *NF (1875A-1876F)*] in *KGW* Ⅳ-1(85-362).

18. 『유고(1878년 봄~1879년 11월)』 −*Nachgelassene Fragmente von Frühling 1878 bis November 1879* [이후 *NF (1878F-1879N)*] in *KGW* Ⅳ-3(345-479).

19. 『유고(1880년 초~1881년 봄)』 −*Nachgelassene Fragmente Anfang 1880 bis Frühjahr 1881* [이후 *NF (1880A-1881F)*] in *KGW* Ⅴ-1(339-769).

20. 『유고(1881년 봄~1882년 여름)』 −*Nachgelassene Fragmente Frühjahr 1881 bis Sommer 1882* [이후 *NF (1881F-1882S)*] in *KGW* Ⅴ-2(339-585).

21. 『유고(1882년 7월~1883/84년 겨울)』 −*Nachgelassene Fragmente Juli 1882 bis Winter 1883~1884* [이후 *NF (1882J-1883/84W)*] in *KGW* Ⅶ-1(5-706).

22. 『유고(1884년 초~가을)』 −*Nachgelassene Fragmente Frühjahr bis Herbst 1884* [이후 *NF (1884F~H)*] in *KGW* Ⅶ-2 (5-296).

23. 『유고(1884년 가을~1885년 가을)』 −*Nachgelassene Fragmente Herbst 1884 bis Herbst 1885* [이후 *NF (1884H-1885H)*] in *KGW* Ⅶ-3(3-452).

24. 『유고(1885년 가을~1887년 가을)』 −*Nachgelassene Fragmente Herbst 1885 bis Herbst 1887* [이후 *NF (1885H-1887H)*] in *KGW* Ⅷ-1(1-348).

25. 『유고(1887년 가을~1888년 3월)』 −*Nachgelassene Fragmente Herbst 1887 bis März 1888* [이후 *NF (1887H-1888M)*] in *KGW* Ⅷ-2(1-456).

26. 『유고(1888년 초~1889년 1월 초)』 −*Nachgelassene Fragmente Anfang 1888 bis Anfang Januar 1889* [이후 *NF (1888A-1889AJ)*] in *KGW* Ⅷ-3(1-462).

목차

1

들어가는 글

개인의 고유한 실존은 언제나 어렵다. 어느 시대에서나 개인은 그들의 존재를 확립하고 그들의 삶을 정당화할 수 있는 근거를 찾기 위해 노력해왔다. 자기(自己)로서 존재하는 삶이란 바로 '나'라는 주체로서 사는 것이기 때문이다. 주체로서 살기 위해서는 자기를 알아야 하고, 자기를 안다는 것은 자기의 전부를 인식하고 체득(體得)하는 것이다. 그러나 자기를 참으로 아는 것은 요원(遙遠)하고, 그 전부로서의 자기를 체득한다는 것은 더더욱 어렵다. 우리는 누구나 정신과 육체를 지닌 한 명의 개인으로서 살지만 그 자기가 진정한 주체로서의 자기인지는 잘 모른다. 따라서 주체나 자기에 관한 문제는 인간이 자신을 반성의 대상으로 삼은 후부터 줄곧 제시되어왔던 어려운 철학적 주제이다.

일례로 현대인들은 근면해야 한다는 강박에 시달린다. 그러나 우리가 부지런히 움직이는 그 시간을 한 인간으로서 진정으로 깨어서 의식하고 있는지, 나아가 그 시간을 자신만의 시간으로 순전히 의식하고 경험하고 있는지는 의문이다. 주체가 스스로를 자기로서 의식하지 않는 한, 주체가 경험하는 사건들은 진정으로 자기의 경험이 아니다. 자기로서의 의식은 주체가 세계를 자기의 전부로 바라보고 경험하는 것으로부터 도출된다. 그래서 주체의 문제는 고립된 개인의 문제가 아니라 세계 내에 위치한 존재자의 문제이다. 주체는 이미 그 실존에 세계를 포함하고 있다. 그런데 근대 철학의 풍토는 세계를 그 실존하는 주체에게서 배제하고 그 주체를 단지 고립적 존재자로서 사유했다. 그 이유 중의 하나는 단지 인식 대상으로서만 세계를 바라보면서, 그 세계로부터 분리된 주체를 자연스럽게 상정하였기 때문이다. 그렇게 근대 이후 철학적으로 문제가 된 주체의 분열 혹은 인간의 사물화 문제는 오늘날에도 여전히 해소해야 할 중요한 문제가 되고 있다.

주체가 실존하고 있는 곳엔 언제나 타자가 있으며 타자가 속한 세계가 있다. 아니 이미 '나'라는 주체의 세계에는 타자가, 세계가 들어와 있다. 세계 내에 결코 홀로 나타나는 사물도, 홀로 발생하는 사건도, 홀로 존재하는 주체도 있을 수 없다. 그런 의미에서 세계는 서로 의존해 있는 자연이기도 하다. 자기는 세계를 이미 전제하고 세계는 자기로서 서는 자에게만 의미가 있다. 철학자 니체에게서도 주체와 세계의 관계는 힘의 교환으로서의 관계이다. 이 힘으로 인해 주체와 세계는 자연이라는 하나의 지평에서 사유된다. 힘 있는 주체는 힘 있는 세계를 건설한다. 유약한 주체는 유약한 세계를 건설한다. 즉 각자에게 각자의 세계는 각자만의 힘이다. 각자의 힘은 각자에게 그 각자의 세계로서 나타나고 현재한다.

또한 주체에게 세계는 '자기를 자연으로 전개하는 곳'이자, '자기를 실현하는 곳'이다. 그 세계를 니체는 '대지'라고 부른다. 따라서 니체가 바꾸고자 하는 것은 첫째, 주체가 대지에서 실존하는 방식이며 둘째, 대지라는 세계의 존재하는 방식이다. 근대인들이 그들의 삶과 그 삶에서 나타나는 사건들을 적극적으로 선택하지 않거나 소극적으로 주어진 것으로 그저 반응하고 수용하는 것을 관찰하면서, 니체는 그들의 실존을 그들이 스스로 선택하거나 의욕한 것으로 바꾸고자 한다. 그래서 니체가 말하는 힘에 대한 의지는 소극적으로 회피하는 쇠약한 힘이 아니라, 적극적으로 투쟁하는 강인한 힘이다. 그 힘의 결정은 자기로서 살고자 하는 의지의 성립 여부에 달려 있다.

그리고 니체 사상은 주체와 타자의 관계를 넘어 주체와 세계의 관계를 강조한다. 타자는 이 세계에 속한다. 일대일의 관계로서의 주체와 타자는 주관과 객관의 구도로 제시되는 근대 철학의 관점이다. 이때 주체와 타자는 권리와 의무를 서로 수여하거나 다투는 대등의 관계가 된다. 이 관계에서 힘은 발휘가 아닌 제약과 조절의 문제로 변한다. 근대의 민주주의가 니체의 비판을 받는 지점도 주로 이러한 관점으로 도덕과 정치를 사유하기 때문이다. 그리고 그 배후엔 데카르트로 상징되는 코기토적 주체 철학의 관점이 있다. 데카르트는 존재의 제일성을 사유로부터 연역하는 바 그 사유는 논리적·합리적인 특성을 보인다. 이러한 사유가 탄생시킨 하나의 결과물이 바로 근대의 민주주의 체제이다. 니체가 근대 체제를 비판하는 이유는 그것이 권리와 의무의 동등이나, 과정과 결과의 절차적 동일성을 상정하는 것에만 기인하는 것은 아니다. 바로 그러한 사유의 성격이 주체들의 힘을 충분히 사유하지 못하기 때문이다. 서로 동일하고 대등하다고 가정된 주체들에서 각자의 경험과 사유는 그들의 관계에서 내밀한 삶의 교환과 대화로서의 성격을 상실한다. 그래서 주체들의 삶과 대화에 들어있는 고유한 힘은 그 무차별적 동일성이라는 명목하에 지양되고 심지어 제거되기까지 한다.

이렇듯 근대에서 주로 공적·사회적 관점으로 관찰하고 규정되었던 개인은 한 사회의 형식적 유지나 구성을 위한 부속의 역할로 그들의 주체성이 국한되고 억눌린다. 이것이 니체가 당대의 개인을 아직도 미완성된 존재자로 본 실제적 배경이기도 하다. 니체는 진실로 주체적이지 못한 개인들의 단순한 연합일 뿐인 한 사회가 그 개인들의 삶을 적극적으로 신장할 여건을 제시하기는 어렵다고 본다. 따라서 니체 사상에서 모두와 나, 국가와 개인의 정체성과 그들 사이의 복합적 관계는 하나의 불협화음(不協和音)으로 그치게 된다.[1] 마찬가지로 이러한 니체의 관점에서 현대 사회를 바라볼 때도 이 사회가 개인의 자율성과 주체성을 신장하고 발휘케 하는 시대인지는 또한 의문이

---

[1] "'모두를 위해서'는 '나를 위해서'보다 더 오래됐고 일찍이 선한 것으로 간주되었다. 너희는 '나를 위해서'를 이제야 비로소 성스럽게 해야 한다."(『유고(1882년 7월~1883/84년 겨울)』, 184, *KGW* Ⅶ-1, *Nachgelassene Fragmente Juli 1882 bis Winter 1883~1884* [이후 *NF (1882J-1883/84W)*], 144)

다. 오히려 현대의 자본주의는 물신적 가치에 대한 숭배를 더욱 강화하고 세계 내 인간의 소외를 가속하며, 인간의 내면세계조차도 더욱 약화하고 있는 듯하다.

　　약함은 절망에 빠져 자신이기를 원하지 않는 것이다.[2]

　현대는 허무적이고 고통스러운 시대로 보인다. 청년들은 세계의 미래에서 희망을 상실하여 단순한 자기 보전을 가장 중요한 과업으로 삼고 있는 듯하고, 장년들은 세계의 현재로부터 반성을 상실하여 단지 이데올로기에 그치는 획일적 경험만을 신뢰하고 타자들과 더불어 살아야 할 공동체로부터 자신을 소외시키고 있는 듯하다. 따라서 현대인들은 주체와 세계 양자 모두로부터 소외되어가고 있다고 말할 수도 있다.

　세계의 건축은 자기를 먼저 세우는 것으로부터 출발한다. 자기가 바로 서지 않는데 세계가 바로 설 수는 없다. 그런데 자기의 정립(正立)은 어렵고 고통스럽다. 주체는 그 험난한 자기 정립의 과정에서 낙담하거나 절망하고 이내 그것을 포기하기도 한다. 그런데 자기의 정립은 최종의 목표가 아닌 그 과정에서 구현된다. 삶은 바로 세우는 대상이 아니라 그것을 통해 주체가 성장하는 과정이기 때문이다. 삶이 바로 주체이다. 내가 사는 삶이 '나'라는 주체이다. 그래서 주체의 실존은 최종의 자기 완성이 아니라 성장하는 진통의 과정에 있다. 삶을 오로지 자

---

2) 키르케고르, 『죽음에 이르는 병』, 임규정 역, 한길사, 2007, 228.

기의 것으로 긍정하면서, 역경과 고난을 차라리 의욕해야 할 소중함으로 바라보면서 주체의 삶은 개선되고 창조된다. 따라서 니체 사상은 신체로서의 삶과 세계에 대한 긍정을 설파한다. 여기서 니체의 신체적 주체로서의 자기 개념은 단순한 이기주의적 발상과 그러한 행위에 기반을 둔 것이 아니다. 니체에게서 주체는 힘의 생산과 발휘로 자기의 삶을 영위하는 존재자이다. 힘은 세계 내 타자의 힘과 교류하면서 그것에 반응하거나 그것을 제압하는 힘이다. 니체 사상에서 고립되거나 분리되어 있는 힘이란 존재하지 않는다. 힘은 자기의 힘을 능동적으로 발휘하여 타자의 힘과 구별하여 갈라서거나 타자의 발휘하는 힘과 혼융하여 창조하기도 하지만, 다른 한편으로 자기의 힘을 수동적으로 반응시켜 물러서서 묶이거나 타자의 수축하는 힘과 연대하려고 하는 면도 있기 때문이다. 또한 니체 사상에서의 힘은 항상 상호성을 전제하는 개념이다. 신체는 힘을 생산하면서, 동시에 그 힘의 상호 의존과 교류 위에서 활동한다. 따라서 니체에게서 신체성은 열린 개념이며 타자를 포함하는 넓은 개념으로 볼 수 있을 것이다.

니체는 자기라는 고유한 주체를 위한 별도의 인간론을 전개하지 않았다. 그런데도 인간과 주체에 대한 니체의 기술은 그의 저서 여러 곳에서 적지 않게 살필 수 있다.[3] 그것들은 그

---

3) 필자가 이 글에서 전거하는 니체의 '자기(Selbst)' 개념은 주로 『차라투스트라는 이렇게 말했다』(1884)로부터의 후기 사상에서 도출하여 구성한 것이다. 니체가 데카르트의 의식적 자아로 상징되는 근대 철학의 주체 개념에 대해 적극적인 반박을 시작한 것은 『선악의 저편』(1886)과 그즈음의 다른 유고들에서 찾아볼 수 있다. 즉 니체에게서 철학적 '자기' 개념은 그의 후기 사상에서 본격적으로 개진된다고 말할 수 있다. 이와 관련하여 근대적 주체 개념과 이에 대한 니체

의미가 상호 충돌하거나, 분명하지 않은 것도 있다. 그러나 그 의미가 분명하지 않거나 사전적 기술을 해내기 어려울 지라도 그것이 불가능한 작업은 아니다. 이는 니체의 사상이 그의 인간관을 충분히 구성할 수 있도록 풍부한 문제 제기와 그 안에서 일관된 주장들을 제공하는 덕분이다. 니체가 주체의 구성, 주체와 타자와의 관계, 세계 내 주체의 실존의 문제 등에 대해 명확히 체계적으로 기술하지는 않았을 지라도 그의 사상들을 세밀히 독해한다면, 주체에 대한 니체의 기술은 유기적이고 일관되게 정리될 수 있다. 이것은 누구보다 니체가 당대의 인간과 그 시대에 대해 깊이 사유하며 성찰하였기 때문이다.

따라서 이 글은 첫째, 산발적으로 흩어진 니체의 인간관들을 엮어 종합적이고 체계적으로 그의 사상에서의 인간관을 구성하고자 한다. 둘째, 그렇게 건설된 '자기'로서의 신체적 주체들이 그의 사상에서 어떠한 지위를 차지하고 세계 내에서 어떤 역할을 수행하는지를 설명하고자 한다. 셋째, 니체 사상에서의 신체적 주체가 그가 비판한 근대인의 양태와 어떠한 지점에서 차별되는지를 구체적으로 보여주고자 한다. 넷째, 그렇게 이루어 낸, 근대적 주체와는 차별된 양태로서의 새로운 '자기'인 위버멘쉬(Übermensch)가 현대 사회와 일상에서 어떤 의미를 가질 수 있는지를 논의하고자 한다.

따라서 필자는 니체 사상에서의 자기(自己, Selbst)개념4)을

의 비판, 그리고 그의 철학에서의 새로운 주체 개념에 관해서는 김정현, 『니체의 몸 철학』, 문학과현실사, 2000, 제2부의 1장, 70-90 참조.

신체성5)으로 바라보고 다시 구성하고자 한다. 니체의 사상에서 신체(성)는 기존의 전통 철학과 그의 철학을 구분시키고 그의 철학을 새로운 지평으로 전개하는 핵심 개념이다. 그의 개념들은 신체(성)를 기반으로 숙고된 개념들이며, 또 그것들을 기반으로 해야 제대로 이해할 수 있다. 이러한 니체의 신체(성) 개념들에 대해 학자들은 다양하게 접근하고 해석해왔다.

예를 들어 "한나 아렌트는『인간의 조건』에서 니체는 '초감각적이고 초자연적인 것에 대립하여 감각적이고 자연적인 것

---

4) 전통적으로 철학자들에게 육체가 자기의 문제에서 어떤 위치를 차지하였는지 살펴볼 필요가 있다. 전통적으로 자기(자아)의 문제에 대해 철학에서 접근한 문제는 구성 개념으로서 정신과 육체의 문제(mind-body problem)이다. 이것은 정신과 육체의 구별을 타당하게 근거 짓는 문제에 관심을 가진다. 만약 그런 구별이 타당하게 세워질 수 있다면 우리가 정신이나 육체, 혹은 양자 모두의 용어로 우리가 그것들을 적용할 수 있는지에 관한 문제이다. 플라톤(Plato)은 정신과 육체를 분리하여 정신을 육체의 주인으로, 육체의 존속 전후에도 정신은 존재하는 것으로 보았다. 아우구스티누스(Sanctus Aurelius Augustinus)는 이 구별을 좀 더 강화하고 이론화한다. 그러나 정신과 육체, 그리고 그 상호작용에 관한 이론을 체계적으로 정립한 철학자는 데카르트(René Descartes)이다. 데카르트에게 정신과 육체 모두는 실체이다. 그러나 그 본성은 아주 다르다. 데카르트는 당시에 유행했던 아리스토텔레스적 신체 개념들, 예를 들어 형상-물질, 실재성-잠재성 같은 본질적인 생물학적 물질개념들을 거부하고 오직 연장성으로 육체의 실체성을 구축한다. 그는 육체에서 연장성만을 추출하고 다른 것들을 무시하면서 정신적, 목적론적, 동물적 모습들을 육체로부터 제거하는 데 성공한다. 이후로 육체의 개념은 새로운 물리학적 태도와 더욱 부합하게 된다. 정신과 육체의 관계에서 일원론적 견해를 보이는 태도는 정신 혹은 육체 어느 한 쪽의 속성으로 다른 쪽의 속성을 환원하는 입장이다. 극단적인 유물론에서의 입장은 카르납(Rudolf Carnap) 등 비엔나학파의 물리주의(physicalism), 프랑스 철학자 라 메트리(Julien Offroy de La Mettrie) 등의 부수현상론(epiphenomenalism)으로 나타난다. 이런 입장은 현대에 심신일원론(Identity theory)으로 이어진다. 관념론의 입장에서는 상기한 데카르트, 버클리(George Berkeley) 등을 들 수 있다. 양면설(Double-aspect theories)은 정신과 물질을 정신적인 혹은 물질적인 속성과 구별하는 입장으로서 스피노자(Baruch Spinoza)의 이론에서 볼 수 있다. 변형된 일원론의 일종으로 중성적 일원론(Neutral monism)이 있는데, 이는 대표적으로 흄(David Hume)의 이론에서 볼 수 있다. 또한 상호작용론(Interactionism)이 있는데, 이는 데카르트 이론에서 찾아볼 수 있다. 기회원인론(Occasionalism)으로는 말브랑슈(Nicolas Malebranche) 등이 있고, 평행론(Parallelism)에는 라이프니츠(Gottfried Wilhelm Leibniz) 등이 있다. *The Encyclopedia of Philosophy*, Vol. 5-6., ed. Paul Edwards, New York · London: Macmillan Publishing Co. Inc. & The Free Press, 1972, 336-342 참조.

5) 니체는 독일어 Körper(육체(肉體))와 Leib(신체(身體), 몸)를 구분하여 사용한다. Leib는 정신과 영혼을 포함한 말이다. 국내 김정현을 비롯한 연구자들은 이를 몸성(몸-性)으로 표현한다. 그러나 몸성이란 단어는 한글과 한자의 조합으로 사뭇 어색하며, 한자의 身(몸 신)이 이미 육체와 정신을 포함한 의미의 글자이므로 필자는 이를 신체성(身體性)으로 옮긴다.

을' 재평가하였으며, 이것은 신체적 용어로 형이상학을 재평가한 것이라고 가감 없이 주장한다. 아렌트는 니체가 많은 수의 철학과 종교의 질서를 지속시키며 핵심적 중심을 차지하는 것을 전복하려 시도했다고 옳게 말한다. 육체의 영혼에로의, 살의 정신에로의, 이 세계의 저편 세계로의, 인간 도시의 신의 도시에로의 종속 등이 그 중심적 질서라고 그녀는 말한다. 저서의 많은 곳에서 니체는 우리에게 지성보다 신체를 강조하며, 이성보다 정념을, 철학적 분석보다 생리학적 진단을 우선할 것을, 사유보다 행위를 선택할 것을 권한다."[6] "니체의 신체 사상은 신체와 세계에 관한 사유를 결합한다. 신체 사상은 이 관심들의 결합체이다."[7]

필자는 이 글에서 정신과 분리된 인간의 '물리적 육신(肉身)'을 지칭할 때 '육체'라는 용어를 사용할 것이며, 정신을 포함한 의미의 '몸'을 지칭할 때는 '신체'라는 용어를 사용할 것이다. '신체'라는 용어에서도 '정신'은 신체와 대등한 의미가 아니라 신체에 포함된 부속 개념으로 살피고 논지를 진행할 것이다.

또한 이 글에서 필자는 다음의 논제(論題)들을 강화하거나 주장하고자 한다. 첫째, 자기를 구성하는 정신과 육체[8]를 정지와

---

6) John Tambornino, *The coporeal turn: Affect, embodiment and necessity in political theory*, Baltimore: The Johns Hopkins University, 1999, 113.

7) 위의 책, 116; "블롱델(E. Blondel)의 정식화로는, 니체에게서 신체는 카오스로서의 세계와 단순한 지성 사이의 '매개 공간(intermediary space)'이다; 그것은 번역의 지점이다."(Eric Blondel, *Nietzsche: The Body and Culture: Philosophy as a Philological Genealogy*, trans, Seán Hand, Stanford: Stanford University Press, 1991, 207. 위의 책 116의 각주 6에서 재인용, 괄호 원문)

8) 이 글에서 사용하는 정신과 육체·신체, 자아·자기의 개념을 표로 정리하면 다음과 같다.

운동의 관계로 유추하여 살피고자 한다. 세계와 그 사태를 육체
는 세계와 사태들의 지속되는 흐름으로 자신의 내부에 수용(受
容)하는데 비해, 정신은 자주 세계와 그 사태들의 흐름을 인식
을 위해 단절(斷絶)하고 포착(捕捉)하여 재단(裁斷)한다. 따라서
신체성을 탐구하는 것은 신체적 주체의 운동을 탐구하는 것이
기도 하다.

둘째, 디오니소스(Dionysos) 사상에 큰 비중을 두었다.9) 니체

구분	독일어	영어	정신성	물질성	비 고
정신(精神)	Geist	spirit	有	無	
육체(肉體)	Körper	body / flesh	無	有	물리적 육신
신체(身體)	Leib	body / flesh	有	有	정신과 육체의 통일체
자아(自我)	Ich	I	有	有	데카르트적 자아는 정신적 주체임
자기(自己)	Selbst	self	有	有	신체로서의 자기

'정신(精神)'은 독일어와 영어에서는 'Geist'(독), 'spirit'(영)으로 표현되고, 물질성이 없다. 반대로
육체(肉體)는 'Körper'(독), 'body'(육체-영어) / 'flesh'(살-영어)로 불리며 정신성이 없는 '물리적
육신'을 말한다. '신체(身體)'는 'Leib(독)', 'body'/ 'flesh'(영)로 각기 불린다. 이 글에서 '신체'는 정
신과 육체의 통일체를 말한다. '자아(自我)'는 'Ich'(독), 'I'(영)로 불리며 '자기'와 거의 동일한 표
현이지만 이것이 데카르트의 코기토적 자아로 사용될 때는 정신을 주체성의 원천으로 보는 정
신적 자아로 이해되는 것에 주의해야 한다. 이 글에서 자주 사용되는 '자기(自己)'는 'Selbst'(독),
'self'(영)로 부르며 이는 정신과 육체의 양자 모두가 조화된 '신체로서의 자기'를 말한다.

9) 하이데거는 근대 철학의 주체와 객체의 구분을 기반에 두고 니체의 철학을 이원적으로 분석하
였다. 그는 니체 철학의 주요 사상을 영원회귀, 힘에의 의지, 가치 전도의 세 가지, 혹은 여기에
허무주의, 위버멘쉬를 더한 5가지로 나눈다(Wayne Klein, 'The philosopher as writer: form and
content in Nietzsche', *New Nietzsche Studies*, Nietzsche Society, Vol. 2., No. 3&4(41-62),
Summer 1998, 44 참조); 그러나 니체의 사상은 일원적이라고 말할 수 있다. 게다가 하이데거는
'디오니소스'라는 니체 사상의 중심을 누락시켰다; "각 사상 시기에 따라 니체에 있어서의 '디오
니소스' 개념은 다음과 같은 네 가지 형식으로 그 다양한 의미를 나누어 이해할 수 있는데, (1)
『비극의 탄생』에서 '아폴로적인 것'과 직접적인 연관 속에 있는 부분적인 예술 원리로 파악된
다. (2) 후기에 니체는 꿈과 도취의 구분을 포기한다. 도취의 경험은 여기에서 일종의 높은 힘
감정으로, 즉 디오니소스로 파악된다(M. Djurić, *Nietzsche und die Metaphysik*, 264-269 참조).
(3) 디오니소스는 세계놀이로서의 생성(*N* 38[12], in *KSA*, Bd.11, 610-611; *EH*, '*GT*'; E. Fink,
Nietzsche Philosophie, 164)과 세계운동(*N* 11[72], in *KSA*, Bd.13, 34-36 참조)을 의미한다. (4) 디
오니소스는 인간이 큰 건강함을 갖고 자신의 삶을 실현하는 '대지'라고 하는 반기독교적 의미이
다(*EH*. '*Za*')"(김정현, 『니체의 몸 철학』, 154의 각주 81에서 재인용); "그(니체)의 전체 사상에
서 디오니소스의 기호는 아폴로적인 것에 상응하는 예술의 형식을 의미할 뿐 아니라 더 높은
힘 감정으로서의 도취의 느낌, 세계놀이로서의 생성, 그리고 현실 속에서 건강함을 제공하는 존

의 '신(神)의 죽음'은 '디오니소스'를 통해 다시 해석되고 설명될 필요가 있다. 디오니소스의 약동(躍動)은 신의 죽음을 요구하며 신의 죽음은 디오니소스의 약동에서 파생한다. 니체 사상에서 신과 디오니소스라는 개념은 상호 대립하여 평행하게 전개한다. 디오니소스 개념은 니체의 사상을 전개하고 추동하는 동력으로서의 주요 개념이다.10)

셋째, 주체의 실존은 고통(苦痛)을 대면하여 극복함에 있다. 니체 사상에서 고통을 제거한 윤리학은 결코 성립할 수 없다. 니체의 윤리학은 인간의 고통을 끌어들이고 그것을 기반으로 삼아 성립한다. 행복을 위해 고통을 피하는 것이 아니라 고통을 인간 존재자의 필수 조건으로 보는 것이다.

넷째, 위버멘쉬(Übermensch)는 완성된 '상태'가 아니라 극복하는 '과정'에 있음을 강조한다. 그래서 위버멘쉬는 구현의 상태가 아니라 이르려는 노력인 것을 강조한다. 또한 하나의 이데아로서 위버멘쉬가 있는 것이 아니라 각자의 인간이 도달하고자 하는 위버멘쉬가 강조된다. 그렇다면 위버멘쉬는 각자의

재의 대지 등 다양한 의미를 지칭한다. 이는 피안(초월)으로 도피하지 않고 현실(대지) 세계에 정위함으로써 삶의 긍정, 세계 긍정의 태도로 생명의 생성과 놀이를 향유하는 니체의 현실 긍정적, 생명 긍정적 사유를 보여준다. 디오니소스 사상은 니체 철학의 중심사상이며 생명 사상과 연관된다. 즉 이것은 생명과 세계에 대한 긍정의 개념으로 연결된다. 그의 디오니소스 철학은 생명의 개념을 매개로 하는 대지의 철학, 여성주의를 함축하기도 한다. 디오니소스는 우주적인 생명의 놀이이며, 존재의 어머니로서의 대지의 다른 이름이다. 니체는 후기 사상에서 디오니소스를 힘에의 의지와 영원회귀 사상과 연관하여 설명한다. 생명의 놀이, 세계의 놀이, 창조의 놀이와 같은 그의 미학적 놀이 개념은 디오니소스 사상에서 발원한다"(김정현, 『니체, 생명과 치유의 철학』, 317); 시기적으로도 니체는 '신의 죽음'보다 '디오니소스 사상'을 먼저 말한다. 즉 사상의 발전사로 볼 때도 신의 죽음이 디오니소스의 약동을 요구하는 것이 아니라 디오니소스 사상 자체가 신의 죽음을 요구하는 것으로 해석해야 한다.

10) 김정현도 이런 입장에 있다. "니체의 디오니소스 개념은 그의 사상 초기부터 후기에 이르기까지 그의 사상의 중심에 있다."(김정현, 위의 책, 같은 쪽)

잠재성의 발현이라고도 할 수 있다.

다섯째, 니체 사상에서 위대함과 왜소함, 건강과 병, 위버멘쉬와 데카당스(décadence, 퇴폐)라는 개념을 상호 혼융(混融)하고 경쟁하는 개념으로 기술하였다. 이 개념들은 더불어 있고 경쟁하고 있으며, 숨어 있다가 드러나기도 한다. 위대함의 곁에 왜소함이 있으며, 병중에 건강함이 출현하기도 하고, 데카당스에도 조금의 위버멘쉬적 힘이 있다. 그 역들도 마찬가지다.

여섯째, 신체성과 관련한 개념들의 일관된 해석을 시도하였다. 니체의 사상에서 힘은 물론이고 초월, 도덕, 자연, 생명은 신체성이 확장하거나 변용된 개념들이다. 그의 사상은 신체성으로 바라보고 해체하여 이를 통해 재구성할 수 있다.

일곱째, 영원회귀 사상을 신이 사라진 세계에서 인간이 지녀야 할 대안적 세계관으로 살펴보았다. 신을 중심으로 회전하던 인간은 다시 자기를 중심으로 한 자전으로 그 가치를 되찾는다. 드디어 주체는 '자기'를 중심으로 회귀하고자 한다.

> — 만일 네가 별들을 아직도 '네 위에 있는 것'으로 느낀다면, 너에게는 인식자의 시야가 아직 결핍되어 있는 것이다.[11]

니체는 별을 가슴으로 내려 삶으로 담는 활동이 철학적 인식

---

11) 『선악의 저편』, 109, "—So lange du noch die Sterne fühlst als ein 'Über-dir', fehlt dir noch der Blick des Erkennenden"(*KGW* Ⅵ-2, *Jenseits von Gut und Böse: Vorspiel einer Philosophie der Zukunft* (이후 *JGB*), 86쪽); "천문학자로서의 현자—네가 아직도 별들을 '네 위에 있는 것'으로 느끼는 한 너에게는 아직 인식의 눈이 결여되어 있다. 인식하는 자에게는 더 이상 위와 아래가 없다."(『유고(1882년 7월~1883/1884년 겨울)』, 106, *KGW* Ⅶ-1, *Nachgelassene Fragmente Juli 1882 bis Winter 1883~1884*, [이후 *NF (1882J-1883/84W)*], 107)

이며 우리를 더 자유롭게 한다고 본다. 니체는 철학을 학문으로 인식하기에 앞서 그것을 인간이 생산하고 그들에게 종사해야 하는 삶의 활동으로 본다. 철학자는 기타의 학자와 차별되는 자유로운 정신의 소유자다.[12] 니체 철학을 죽음과의 대비에서 삶의 철학으로 부르는 경향이 있다.[13] 그러나 이는 니체 철학이 삶과 죽음의 양면으로 진행하는 사상임을 표현하는 데 부족하다. 삶은 죽음으로 인해 빛을 발하며 죽음과 더불어 진행하면서 생명력을 더 깊게 한다.

일례로 니체가 칭송하는 비극적 태도는, 삶이란 죽음을 안고 진행한다는 사실을 인식하는 태도이다. 고대 그리스 정신은 니체 사상의 원천이다. 고대 그리스와 근대 유럽 정신을 대비하는 니체의 기획은 그리스 신 대(對) 기독교 신, 그리스인 대 서유럽인, 이를 통한 문화의 대비이다. 니체는 전자를 후자와 대비하고 후자의 결핍을 전자로 극복하려 한다. 따라서 근대 유럽 정신이 함축하는 정신과 역사의 진보는 재검토된다. 니체에게서 해체는 창조로서의 파괴이다. 가치의 연원이 의심스럽다면 그 가치는 재검토된다. 가치의 파괴는 가치―재평가(Revaluation)이자 가치 창조이다. 그러나 전통적 가치도 힘에의 의지의 산물이므로 재검토가 반드시 기존 가치의 전면 폐기를 수반하는

---

12) 니체는 쇼펜하우어가 가했던 근대 유럽의 강단 철학에 대한 비판을 계승한다. "학자는 결코 철학자가 될 수 없다. [⋯] 내가 이 말로 칸트에게 부당하게 굴었다고 믿는 사람은 [⋯] 철학자는 위대한 사상가일 뿐 아니라 진정한 인간임을 모르는 사람이다."(『반시대적 고찰』, 474, *KGW* Ⅲ-1, *Unzeitgemässe Betrachtungen* (이후 *UB*), 405-406)

13) 이경희는 니체의 철학을 '삶의 철학'으로 지칭한다(이경희, 「니체 도덕철학의 토대」, 『니체연구』, 제9집(한국니체학회, 2006), 58 참조).

것은 아니다.[14]

니체의 전략은 한편으로 신을 제거하고 다른 한편으로 인간을 재건하는 것이다. 신의 죽음은 최고 가치의 무화이자 역사적 이상의 상실이다. 따라서 신의 죽음은 최고의 파괴이자 창조를 요구한다. 만약 니체가 차라투스트라를 통해서 신의 죽음이라는 사건만을 고지했다면 그 사상은 쇼펜하우어 사상과 유사한 염세주의에서 그쳤을 것이다. 그러나 니체 사상의 방점은 신의 죽음을 통한 인간의 재건에 주로 찍힌다. 신의 죽음이라는 허무주의(Nihilismus) 사건은 신을 대치할 최고의 인간을 재구성하는 방법을 통해 최고의 긍정적 사건으로 전화(轉化)한다. 신의 죽음과 인간의 재건은 병행한다. 그렇지만 신의 죽음의 의미가 일체의 형이상학적·초월적 가치의 무용함으로 제약되어 해석될 필요는 없을 것이다.

니체에게 신체는 정동(情動, Affekt)과 욕망을 지닌 것으로 긍정된다. 그에게서 육체와 정신은 재결합되고, 삶은 그 화합인 신체로 재구성된다. 정신은 경계 없이 확장하지만 육체는 외부 세계와의 경계를 넘어서지 않는다. 따라서 육체를 재건하기 위한 니체의 전략은 영원성·필연성 등에 비해 열등하게 치부되었던 육체의 일회성·우연성 등을 다시 긍정하는 것이다. 니체는 일회성의 관점에서 영원성을 다시 구성한다. 육체는 일회적인 것이므로 망각과 기억의 혼재와 융합은 시간의 흐름에 대처

---

14) "민중이 믿어왔던 선과 악이라는 것에서 예로부터의 힘에의 의지가 엿보인다."(『차라투스트라』, 193, KGW VI-1, *Also sprach Zarathustra: Ein Buch für Alle und Keinen* (이후 Za), 142)

하는 인간의 실존성이다. 전통 서양 철학자들은 일회성을 비하하고, 영원성을 갈구하는 태도를 지녔다. 그들은 우리의 실존과 실존하는 세계를 비하한다. 이것이 니체가 파악한 유럽 정신의 전통이다. 필자가 볼 때 영원회귀 사상은 니체가 자신의 사상에 세우려 했던 영원성의 대체재(代替財)이다. 그는 신의 죽음으로 상실된 영원성을 영원회귀 사상으로 대체하고자 했다.

본론에서는 니체의 힘에의 의지 개념을 초월, 도덕, 자연, 생명에 관련해 설명하고자 하였다.[15] 니체의 힘에의 의지는 초월적 세계가 아닌 현실과 대지의 세계를 추구한다. 또한 도덕을 자기의 덕으로 의욕하거나, 타자의 도덕에 자기를 의존할 때 도덕도 그렇다. 이 힘에의 의지가 자기의 현재와 그 덕을 쇠약하게 할 경우 데카당스이다. 따라서 힘에의 의지의 상승·확장, 하강·쇠락의 양태가 중요하다.

니체 사상의 개념들은 상호 연관된다. 니체는 신의 죽음과 허무주의를 말하고, 데카당스한 도덕과 비극적 세계를 말한다. 또한 그는 자연의 생성과 생명의 대지를, 무한한 긍정과 낙천

---

15) 이 글에서 필자가 주로 참고한 니체의 저서는 다음과 같다. 먼저 이 글의 전반에 걸쳐서 필자의 주장을 뒷받침하는 니체의 디오니소스 사상은 주로 니체의 후기 저서인 『차라투스트라』 등에서 참고하고 그것에 근거하였다. 그러나 필자의 주장을 전개하기 위하여 간혹 초기 저서인 『비극의 탄생』 등에서 니체가 사용한 개념을 인용하기도 하였다. 제2장에서 필자가 주로 참고한 니체의 저서는 『차라투스트라』, 『즐거운 학문』이다. 양 저서에서 이른바 니체의 '신의 죽음'이라는 사건과 '초극'에 관한 사상이 본격적으로 개시되고 있기 때문이다. 필요에 따라 니체의 만년의 저술인 『이 사람을 보라』도 살펴보았다. 제3장에서는 니체의 도덕관과 예술관을 다루기 위해서 『차라투스트라』를 비롯하여 『선악의 저편』과 『도덕의 계보』를 주로 살펴보았다. 제4장에서는 니체의 자연사상을 주로 그의 방대한 『유고』에서 도출하였으며 필요에 따라 『우상의 황혼』을, 역사주의와 관련해서는 「반시대적 고찰」 등을 살펴보고 참고하였다. 제5장에서는 주로 니체의 『차라투스트라』에 필자의 주장을 의거하였으며, 그밖에 『유고』와 『이 사람을 보라』, 『아침놀』 등의 여러 가지 저서를 인용하였다.

적 춤을 말한다. 또 힘의 지속 출현을 말하면서 사태의 영원 반복을 말하기도 한다. 따라서 그의 사상은 비체계적이며, 상호 정합하지 않는다는 오해도 받았다. 그런데 발현하려는 힘에의 의지는 매 순간 자신을 최대의 힘으로 반복하리라는 영원회귀 사상을 요구한다. 신의 죽음은 디오니소스적 비극성의 논리적 귀결이며, 디오니소스적 긍정은 신의 죽음 이후의 허무를 극복해야 하는 운명에 대한 긍정이다.

힘에의 의지가 신체인 자기를 망각하고 비존재인 피안에서 자기를 정립하고자 할 때 이는 니체가 비판하는 초월이다. 자기의 존재에 부합하지 않는 외부 규율이 억압하는 힘으로 자기를 제압할 때 이는 니체가 비판하는 도덕이다. 힘이 매 순간 확장하고 묶이는 것처럼 도덕은 매 순간 발휘와 반응으로, 힘의 생산과 구속으로 자기에게 닥쳐온다. 세계의 사태가 영원회귀의 반복으로 나타나듯 힘 작용은 반복의 순간에서 자신을 드러낸다. 반복하여 자기의 순간으로 회귀하지 않는 것이 신에 대한 믿음이며, 반복되는 자기를 정면으로 대하길 거부하는 것이 초월이다.

니체 사상에 대한 접근법으로 그의 관점주의를 개입시키는 것이 효과적일 수 있다. 니체 사상은 힘에의 의지나 신의 죽음으로부터도, 디오니소스적 생성이나 가치 전도 혹은 영원회귀의 세계관으로부터도 접근할 수 있다. 신의 죽음은 전통 철학과 기독교 도덕을 전복시키는 출발점으로도 해석이 가능하지만, 근대 인식론의 확고한 토대인 동일성의 무분별한 확장에 대해 그 최고 구현인 신의 죽음을 선언함으로써 그 인식 능력의 한계를 폭로하고 극복하려는 시도일 수 있다. 힘 작용인 가치 입법의 배후에는 디오니소스의 자연과 생명이 있다. 신의 죽음을 말하기 이전에 니체는 이미 디오니소스를 말했다. 그렇다면 신의 죽음은 디오니소스적 긍정의 구체화된 상징으로 볼 수도 있다.

또한 그의 사상에는 서열의 복수성이 존재한다. 신으로부터 반신(半神, satyr)[16]을 거쳐 마지막 인간과 짐승의 서열이 있는 반면, 주인과 노예, 귀족과 천민, 고귀한 자와 왜소한 자, 위버멘쉬와 데카당스한 인간으로 구별되는 위계(位階)도 있다. 그리고 이 내부에도 다양한 정도들이 중첩되어 펼쳐진다. 서열과 위계는 힘의 차이·차별이다. 차이와 차별은 동일하지 않은 각자의 힘이자 존재성이다. 개체에서 힘은 복수적이며, 그 발생과 구현도 복수적이다.

또한 필자가 볼 때 니체의 사상에는 동일한 사상을 지닌 다른 양태들이, 다른 사상을 지닌 같은 양태들이 등장한다. 필자는 이것을 니체 철학에서의 양의적(兩義的) 개념으로 정리하였다. 니체에서 양태들은 해석된 현상들이며 사상이란 관념의 힘이다. 니체의 철학은 일관된 체계를 통한 사상의 전달보다는 일관된 사상들을 체계의 중첩으로 전달한다. 이는 범주(category)와 기술(description)의 다원성이다.

---

16) 반인반수의 사티로스는 반신이기도 하다. 그는 신과 인간, 짐승의 조합이다. 이 사티로스는 자연성이 발달한 세계의 존재자로서 디오니소스의 울림인 합창으로, 자연성의 체화로서 신체의 언어인 춤으로 자신을 드러내고 대지를 노래한다(『유고(1870년~1873년)』, 83, *KGW* III-2, *Nachgelassene Schriften 1870~1873* [이후 *NS(1870-1873)*], 67 참조).

첫째, 니체는 자기라는 개념을 근대적 주체, 특히 자아 개념과 동일하게 사용하지 않는다.[17] 니체의 자기 개념은 근대의 주체 개념과 달리 외부의 규정을 거부하고 내부에서 발생적으로 정의된다. 둘째, 자기는 정신과 육체로 이루어진 한 인간이며, 이는 큰 이성인 신체성으로 정의된다. 셋째, 신체성에 대한 강조는 모태인 자연성으로 이어진다. 이는 본능에 대한 신뢰와 건강의 회복을 위한 자연주의, 거주 공간인 대지와 그 대지와의 소통 행

---

17) 일상적으로 '자아'와 '자기'는 구분되어 사용되지 않는다. 그러나 니체 사상에서 근대철학적인 정신적 자아와 신체적 자아로서의 자기는 엄밀히 구별된다. 김정현은 『니체, 생명과 치유의 철학』에서 다음과 같이 말한다. "니체에게 철학은 인간의 고유한 '자기'를 찾는 문제로 귀결된다. '자기를 찾아가는 과정' 또는 자기 '됨'의 과정이 다름 아닌 인간 삶의 과정이기 때문이다. [⋯] 니체에게 자아란 외부 세계와 관계를 맺는 의식, 또는 이성적 활동과 관련된다. 우리는 외부 세계와 관계를 맺으며 살아가고, 이성적 언어와 의식의 기호를 통해 우리 자신의 삶을 더욱 논리적이고 체계적으로 표현한다. 그러나 니체는 데카르트의 의식 철학적 자아 규정에 반대하며, '의식이란 하나의 표피'에 지나지 않는다고 말한다. 의식이란 우리가 세계와 접촉하며 우리의 삶을 표현하는 피부 활동이며, 이는 언어의 세계로 표현된다. 그러나 피부가 인간 신체의 모든 것을 담지하고 있지 않듯이, 의식 역시 인간 자신의 전체가 아니다. [⋯] 그러나 니체가 몸 이성을 강조한다고 해서, 이성을 전적으로 배척하는 것은 물론 아니다. [⋯] 니체는 분명 몸과 자기를 동일시하고 있다. 니체에게 몸이란 단순히 생물학적, 물리적 크기를 가진 인간의 신체를 의미하는 것이 아니라, 의식과 무의식의 활동을 통섭하고 있는 총체적인 영혼의 활동을 의미하기 때문이다. 따라서 몸의 활동이란 다름 아닌 자기의 활동이다"(김정현, 같은 책, 259-264); 김정현은 그의 『니체의 몸 철학』의 제4부, '자아와 몸'에서도 이 '자아 및 자기 문제'를 별도로 분석하고 있다. "자아는 이성의 주체일 뿐만 아니라 이성의 산물이다. 카울바흐(F. Kaulbach)에 의하면 몸, 정열, 정서 등에 대해 지배권을 주장하는 사유하는 자아의 이성을 마부에 상응시킬 때, 이때 플라톤의 비유는 근대의 이성 철학적 세계관에도 역시 적용될 수 있다. 데카르트에 있어서의 사유하는 자아(ich denke), 혹은 칸트에 있어서의 실천이성의 의욕하는 자아(Ich will)-플라톤의 비유에서 고상한 말에 해당하는 도덕 감정, 또는 인간에게 의무를 행하게끔 하는 도덕법칙에 대한 존경-가 보여주듯이 자아 이성(Ich Vernunft)은 몸의 주인으로 나타난다. 니체가 형이상학적 주체의 해체, 즉 순수사유에 의해 구성된 추상적인 자아의 해체를 통해 논증하고자 했던 바는 살아 있는 몸을 통한 실천적 자아의 구체화였다"(김정현, 같은 책, 177-179); 그러나 데카르트 이후의 근대 주체 철학이 니체가 제기한 비판을 과연 극복하지 못하였는지, 니체의 주장처럼 주어-술어 구조의 오해에 기인한 근대 철학의 한계가 있는지는 별도의 논쟁점이다. 근대 철학에서도 이미 술어로서의 행위하는 몸의 실천이 주체의 범주에 포섭이 되어있기 때문이다. 예를 들어 백훈승은 피히테의 주체성(Subjektivität)에는 이미 주체의 활동・실천의 의미가 포함되어 있다고 본다. 그는 주체성에 인식과 관련해서는 주관의, 실천과 관련해서는 주체의 의미가 들어있으며 주체에는 우리의 실천의 매개체인 몸(體)이라는 의미가 이미 포함되어 있다고 주장한다(로타 엘라이(Lothar Eley), 『피히테, 셸링, 헤겔―독일관념론의 수행적 사유방식들』, 백훈승 역, 인간사랑, 2008, 53, 역자 주 5 참조); 근대 철학적 개념으로서의 주체와 니체의 주체가 지니는 차이점에 대한 설명은 김정현, 『니체의 몸 철학』, 171-185 참조.

위인 춤을 통한 자연으로의 귀환으로 이어진다. 넷째, 자연은 존재자들의 생명을 긍정한다. 신체성을 통해 긍정된 자연과 생명으로서의 자기는 순환과 반복의 영원회귀 사상에 의해 추동된다. 이렇게 니체의 개념들은 연합하여 위버멘쉬를 탄생시킨다.

제2장에서는 신과 초극의 문제를 다룬다. 초월이란 삶을 위한 기반을 지금의 이곳에 놓지 않고 신으로 상징되는 다른 세계에 돌리려 하는 것이다. 이는 우리의 일상생활과 그 활동에서 분리되어 단지 개념으로 추상된 가치와 규범 등의 원천을 의미한다.[18] 니체는 다른 세계로의 초월이 아니라 이 세계 내에서의 주체의 초극을 긍정한다.

제3장에서는 도덕과 삶의 예술의 문제를 다룬다. 한 인간을 자기로 존재하게 하는 차이는 도덕·힘의 차이이다. 이때 우리는 한 인간의 도덕이 타자의 그것과 다르다고 표현할 수 있다.[19] 따라서 인간은 자신의 변화에 책임이 있는 존재자이다.[20] 또한 우리는 개별적 힘에의 의지들이 시대에서 응집할 때 그 시대의 도덕 또한 평가할 수 있다. 니체가 요구하는 도덕은 삶의 새로운 요구로서 신체 전부로 발현하는 예술의 문제이기도

---

18) "다른 세계는 여기서 단지 현재 과학에서 묘사된 경험세계를 초월한 것 혹은 이에 반대되는 것만을 의미하는 것은 아니다. 이런 가치와 규범들이 매일의 삶과 세계 안의 활동으로부터 분리되어 개념화되는 것의 원천을 의미한다."(Carl Beck Sachs, *The collapse of transcendence in Nietzsche's middle period*, San Diago: University of California, 2005, 11)

19) "아마 우리 역시 우리의 덕을 가지고 있을 것이다. […] 자기 자신의 덕을 찾는 것보다 더 아름다운 것이 있을까? (…)"(『선악의 저편』, 197, KGW VI-2, *Jenseits von Gut und Böse* (이후 *JGB*), 157); "어떤 사람에게 정당한 것이 반드시 다른 사람에게도 정당할 수는 없다는 것을 (…)."(『선악의 저편』, 215; KGW VI-2, *JGB* 171)

20) Karl Jaspers, "Man as His Own Creator (Morality)", *Nietzsche-Critical Assessment-On Morality and the Order of Rank*, Vol. III., ed. Daniel W. Conway with Peter S. Groff, London·New York: Routledge, 1998, 95 참조; 『선악의 저편』, 67; KGW VI-2, *JGB* 51.

하다. 삶은 자기를 구현하는 힘의 문제이자 발현하는 창조의 문제이다. 따라서 삶은 창조하는 자기를 실현하는 '조형'의 문제이기도 하다. 삶은 하나의 예술품인 것이다.

제4장에서는 자연의 문제를 다룬다. 니체의 자연인(Homo Natura)은 야만적 인간이 아니라 자연의 생장을 자신의 전체로서 긍정하는 미래적 인간이다. 큰 자연에 인간이 속한다는 것은 그 생장과 사멸의 기운을 인간이 자기의 힘으로 취하는 것이다. 자연의 힘은 카오스21)의 창조이기 때문이다. 따라서 단순히 원초적 자연으로의 회귀가 아닌 큰 자연을 통한 한계의 극복이다.

제5장에서는 생명의 문제를 다룬다. 한 인간의 힘의 정도를 보면 그가 건강하거나 병들어 있다고 말할 수 있다. 나아가 결집한 힘들이 시대에서 작용하는 양태를 보면서 그 시대의 건강과 병을 진단·분류할 수 있다. 건강하지 않은 생명은 없다. 단지 개별자가 자기의 건강을 퇴락시키거나 방치하여 병으로 전환시킬 뿐이다. 건강과 병의 문제는 대지와 생명에 준거한다. 그리고 그 대지와 생명은 어린아이의 순수성과 신체의 춤으로 비유되는 유일성과 긍정성의 산물이다. 그렇게 관찰된 생명은 자기의 반복인 영원회귀와 주체와 세계를 총체적으로 긍정하는 운명애의 파토스를 낳는다.

---

21) 니체의 사상에서 카오스(Chaos, 혼돈)는 창조적 잠재성을 발현할 수 있는 문화의 원천이다. 그의 창조적 카오스라는 개념은 피지스(*physis*)로 독해되어야 한다. 피지스는 그 자신으로부터 제시하고 산출한다. 니체가 자연과 카오스를 같이 놓듯 카오스는 생성적 성격으로 표현될 수 있다(Babette E. Babich, "Nietzsche's Chaos sive natura: Evening gold and the dancing star", *Revista Portuguesa de Filosofia*, T.57(225-245), 2001, 226-228 참조).

2

자기(自己)와 초극(超克)

신의 죽음

니체 사상은 전통 철학이 의존해왔던 신에 관한 주장에 의문을 제기하고, 신으로 기획되는 피안의 사유에 저항한다. 여기에서 신이란 물리적 공간의 존재자로서의 의미보다는 삶의 근거를 신으로 상징되는 다른 세계에 위치시키는 사유의 모든 경향을 말한다.[1] 이는 현재의 삶을 위한 기반을 지금의 이 세계에 근거시키지 않고 다른 세계로 돌리고자 하는 초월적 사유를 뜻한다. 이는 우리의 일상생활과 그 활동에서 분리되어 단지 개념으로 추상된 가치와 규범 등의 원천을 의미한다.

그러나 이것이 니체가 신과 초월이라는 개념을 인간과 관련

---

[1] "신(God)이라는 단어로 사용되는 모든 용례를 정의하기 위한 신 개념, 그리고 다른 언어들 중에서 이것에 상응하는 단어를 찾는 것은 아주 어렵다-아마 불가능할 것이다." ed. Paul Edwards, *The Encyclopedia of Philosophy*, Vol. 3-4., New York · London: Macmillan Publishing Co., Inc. & The Free Press, 1972, 344; 요약하자면 신 개념은 철학적 용례로 다음과 같이 쓰인다. 첫째, 초월성과 내재성(유대교, 기독교, 스피노자, 헤겔주의, 키르케고르), 둘째, 신과 세계와 관련하여, 목적인으로서의 신(아리스토텔레스), 신의 분출로서의 세계(플로티누스, 스피노자, 헤겔), 질서로 선재(先在)하는 물질로서의 세계(플라톤), '무'로부터의 창조(아우구스티누스), 우주질서의 최종 단계(사무엘 알렉산더, 화이트헤드), 셋째, 신성과 관련하여 무한성(헤겔, 아퀴나스), 단일자(플라톤, 에픽테투스, 아퀴나스, 유대교, 이슬람교), 단순성(기독교, 신플라톤주의, 플로티누스, 아퀴나스), 비물질성(스토아주의, 아우구스티누스), 불변성(플라톤, 구약, 아우구스티누스), 불변화성, 영원성(후기 기독교, 보에티우스), 선(인도, 중국, 그리스, 플라톤, 아퀴나스), 전지성, 전능성, 넷째, 인격성과 관련하여, 신에 대한 앎(플라톤, 아리스토텔레스, 아우구스티누스, 안셀무스, 아퀴나스, 데카르트, 로크, 칸트) 등이 그것이다. 같은 책, 344-348 참조.

한 일체의 유용성과 의미를 상실한 것으로 바라본다는 의미는 아니다. 단지 니체는 인간을 유약하게 하고, 현재를 비탄에 젖게 하는 개념으로서의 신과 초월을 부정하는 것이다. 니체가 부정하는 신과 초월은 인간의 삶과 그 의미를 이 세계가 아닌 다른 세계에 근거시키는 토대이자, 전체로서의 인간을 비하하는 사유 경향이다. 니체 사상은 인간이 스스로의 한계를 극복하게 하고 그 한계의 너머를 향해 지속해서 확장하는, 인간으로 하여금 자신을 수없이 극복하게 하는 초극으로서의 힘은 부정하지 않는다.

신의 죽음과 초월의 붕괴는 서로 긴밀하게 얽혀있다. 니체의 비판은 주로 신과 초월의 부정적 역할에 집중된다. 초월의 정점에는 신이 있으며, 신으로 말해지는 것은 초월에 속한다. 따라서 니체가 신의 죽음을 말할 때 이는 초월성의 붕괴와 다른 것이 아니다.

니체의 저작에서 신의 죽음이라는 사상이 초기에 본격적으로 등장하는 것은 아니다. 그의 초기 저술 『비극의 탄생(*Die Geburt der Tragödie*)』(1872)에서 신의 죽음은 언급되지 않고, 이는 후기의 『즐거운 학문(*Die fröhliche Wissenschaft*)』(1882)과 『차라투스트라는 이렇게 말했다(*Also sprach Zarathustra*)』(1884)에서 등장한다.[2]

---

2) 신의 죽음이라는 사건은 『차라투스트라』에서는 차라투스트라와 악마의 말을 통해서, 『즐거운 학문』에서는 광인의 말을 통해서 나타난다. 특히 『즐거운 학문』에서 광인의 말을 통해 전달되는 신의 죽음이라는 사건은 구체적이다. "지난날에는 신에 대한 불경이 가장 큰 불경이었다."(『차라투스트라』, 18, *KGW* Ⅵ-1, *Za* 9); "신은 죽었다. 사람들에 대한 연민의 정 때문에 신은 죽고만 것이다"(같은 책, 149, *KGW* Ⅵ-1, *Za* 111); 광인(狂人)은 다음과 같이 말한다. "…나는 신을 찾고 있

니체의 기획은 신으로 대표되는 근대 이전의 세계가 무너졌다는 것, 신의 죽음으로 대변되는 허무주의가 근대 세계에 침윤되며 진행되었다는 것, 그리고 신의 죽음이 가져올 근대 이후의 세계는 인간이 그 공백을 대신해야 한다는 실존적 요청을 제시하는 것이다. 근대 이전까지 신은 인간에겐 최고의, 유일하게 높은 존재자였고, 그에게 속한 세계의 모든 사물을 다스리는 자였다. 신은 존재론적으로 완전한 자이며, 우주론적으로 세계를 존재하게 한 최초의 원인이다. 더불어 신은 지성적으로 전지(全知)한 자이며, 실천적으로 전능(全能)한 자이기도 하다. 따라서 신의 사망 선고는 그를 숭앙하던 인간에게 큰 충격을 준다. 신의 죽음은 인간이 의존하였던 최후 토대의 상실이다. 따라서 인간은 이 사건으로 인해 세계의 허무를 직접 인식하게 되며, 세계를 의미가 제거된 것으로 바라보게 된다.

그러나 근대에 이르러 마치 많은 다른 묵시록에서의 언명들처럼, 니체가 신의 죽음을 선고하는 것은 이젠 상투어가 되었다.[3] 그렇지만, 현대를 사는 우리에게도 신의 죽음은 여전히 의미 있는 사건이다. "신의 죽음은 그 의미가 다수인 하나의 사건

노라! 라고 외치는 광인에 대해 들어본 일이 있는가? 그곳에는 신을 믿지 않는 많은 사람들이 모여 있었기 때문에 그는 큰 웃음거리가 되었다. […] 다른 한 사람이 말했다. 신이 숨어버렸는가? 신이 우리를 두려워하고 있는가? […] **우리가 신을 죽였다**-너희들과 내가! 우리가 모두 신을 죽인 살인자다. […] 신은 죽었다! 신은 죽어버렸다! 우리가 신을 죽인 것이다! […] 우리 스스로가 신이 되어야 하는 것은 아닐까"(『즐거운 학문』, 199—201, 강조원문, *KGW* V-2, *Die fröhliche Wissenschaft* (이후 *FW*), 158-159); 이를 다른 관점에서 보자면, 광인이 신의 죽음을 인간에게 고지한다. 근대가 규정한 정상인에서 이탈한 광인이 신의 죽음을 최초로 외친다. 따라서 탈(脫) 이성의 광인이 신을 살해한 범인이었을 수도 있다. 광인은 우리가 모두 신을 죽였다고 외친다.

3) James M. Ford, *Nietzsche, nihilism, and Christian theodicy*, Princeton: Princeton University, 2000, 1 참조.

이다."4) 우리는 신의 죽음을 최고의 의미 상실로도, 실존적 위기로도, 도덕의 최종적 근거 상실로도 수용할 수 있다. 이는 가치의 상실이며 혼란이다. 따라서 허무주의는 여전히 우리를 지배하고 있다.

니체는 근대인들의 삶의 양태를 허무주의로 말하면서 그 양태를 극복하기 위하여 그의 사상을 구성한다. 단지 최고 가치의 원천이자 준거로서의 신의 죽음이 허무주의를 초래하는 것뿐만이 아니라, 전통 철학이 의거하는 개념, 사회가 의존하는 도덕, 종교가 선전하는 신앙 등의 근거가 신의 죽음 이후의 인간의 삶을 신장시키는 토대가 전혀 되지 못하는 것을 니체는 관찰한다. 즉 전반적으로 '최고 가치의 무화'가 근대 인간들의 삶을 지탱하는 전 영역에 팽배하였으므로, 근대는 허무주의로부터 탈출하기 힘든 시대였다.

여기서 니체는 허무주의를 극복하기 위한 대안을 그것을 회피하거나 거부하는 것이 아니라 정면으로 수용하고 극복하는 전략을 취한다. 그는 허무주의의 두 양태를 구분한다. 소극적 허무주의는 인간을 실제적 삶으로부터 도피하게 하는 데 반해, 적극적 허무주의는 최고 가치의 무화를 극복하기 위한 가치의 창조를 지속해서 인간에게 요구한다. 이러한 두 양태의 허무주의 중에 실제로 니체의 사상은 후자에 전적으로 근거하고 의존한다. 소극적 허무주의는 허무를 부정적으로 격하한다. 따라서

---

4) 질 들뢰즈, 『니체와 철학』, 이경신 역, 민음사, 1998, 21.

허무를 제거하고자 노력하고 피하고자 할 뿐이다. 그러나 적극적 허무주의는 허무가 인간에게 제공하는 존재론적 인식을 긍정하고자 한다. 소극적 허무주의는 인간의 힘을 불신하므로 허무를 외면하고 인간에게서 그것을 분리하려 하는 데 반해, 적극적 허무주의는 인간의 힘을 신뢰하므로 허무를 맞닥뜨려 삶에서 그것을 체화시키고 극복으로 승화시키고자 한다.

니체 사상에서 적극적 허무주의는 전통의 재평가와 가치의 파괴를 요구하고, 그것으로부터 새로운 인간과 인류를 탄생시키고자 한다. 니체가 요구한 인간은 자기의 주위를 적극적 허무로 관찰하며 그 탈출할 수 없는 실존의 고독을 철저히 체감하는 자이다. 그런 의미에서 허무주의가 지배하는 근대는 절망스럽기도 하지만 새로운 가능성의 시대이기도 하다. 니체는 소극적 허무주의로부터 적극적 허무주의로 우리의 세계 인식을 변화시킬 것을 요구한다. 근대인은 소극적 허무주의에 젖어 나약한 데카당스로 잔존하고자 한다. 그러나 니체는 그들이 허무주의의 창조성을 인식하여 적극적 허무주의자로 개선될 것을 실제로 요구하고 있는 것이다.

그런 의미에서 허무주의는 여전히 우리를 지배하고 있다. 신의 죽음은 이 세계를 지배하는 저편 세계를 지우는 것이다. 신이라는 세계가 지워지면서 원래 세계는 생생한 의미를 되찾는다. 결국 니체가 신의 죽음을 통해 말하고자 하는 것은 첫째, 최고의 의미로서의 신이 상실되었다는 것을 통한 근대 허무주의의 도래라는 역사이고,[5] 둘째, 신이라는 완전성에 의존하였던 근대 이성 철학의 존재론과 윤리학을 재구성할 필요이다. 셋째, 현실 세계를 지배하는 저편의 가공 세계를 지움으로써 신체적 주체로서의 인간만이 세계 해석을 위한 올바른 근거인 것을 다시 확인하는 것이다. 넷째, 이를 통해 인간을 인식론적으로 재구성하여 과거에 열등한 산물로 치부되던 것들, 예를 들어 고통이나 가상(假象, Schein) 등의 신체적 산물들을 존재론적으로 다시 긍정하여 새로운 인간을 세우는 것이다.

허위와 억측으로서의 세계6)는 신의 죽음으로 드디어 사라졌다. 따라서 이제 대지는 유일한 세계로서 인간에게 복귀해야 한다. 인간에 대한 연민(憐憫)으로 가득했던 신은 인간에 의해 살해당했다.7) 신의 죽음이라는 사건은 인간에게 양면적으로 작용한다. 이 사건이 지닌 긍정성은 인간이 자신의 입법자로서 홀로 설 수 있게 되었다는 것이고, 부정성은 인간이 자신의 존재와 행위를 의거할 완전한 자가 더 이상 존재하지 않는다는 것이다. 이제 허무주의의 도래는 필연적 결과이다.

그러나 신의 죽음이 출발점이 된 허무주의는 홀로 서려는 인간에겐 긍정적 신호가 될 수도 있다. 허무주의는 인간의 새로운 실존을 세우기 위한 예비 단계이며, 그 힘에 관한 실험대로

---

5) 이것이 니체 사상에서의 허무주의의 등장에 대한 주요 해석이다. 그러나 신과의 관련에서 허무주의를 바라보지 않더라도, 신에게 의존하지 않는 인간의 독자적 실존 세계에서도 허무주의는 그 힘이 막강하다. 필자는 니체의 허무주의를 다음과 같이 바라보고자 한다. 신이 제거된 세계를 허무로 파악하는 것에서 나아가, 인간 삶의 일체의 토대로서의 준거를 제거한 양태가 적극적 허무주의일 수 있다. 오히려 최후의 준거까지 제거될 때 진정한 창조는 도출될 수 있을 것이다. 그 창조는 인간 삶의 토대까지 새로 만들어내는 격변과 혁명으로서의 창조이다.

6) 『차라투스트라』, 141 참조, *KGW* VI-1, *Za* 105-106 참조.

7) 위의 책, 149 참조, *KGW* VI-1, *Za* 111 참조; 『즐거운 학문』, 200 참조, *KGW* V-2, *FW* 159 참조.

기능한다. 그런데도 인간의 이성은 여전히 신을 요구하고, 전제한다. 이성은 완전성을 향해 나아가는 바, 그 운동은 확실한 전제로부터 출발하고 최종의 목적을 추구하기 때문이다. 따라서 신의 죽음은 이성의 종말을 상징하고, 그것은 다시 인간의 지평이 신체 전부로 확장되어야 하는 전환점인 것이다.

광인8)은 그와 우리가 신을 살해했다고 외친다. 광인은 인간이 살아남기 위해서 신은 죽어야만 했다고 생각하였을 수도 있다. 그러나 신을 죽인 이 행위의 위대성이 인간이 감당하기에 너무 크므로, 그런 행위를 할 자격이 있으려면 우리가 신의 대체자가 되어야 한다.

따라서 신의 죽음을 기뻐하는 자는 자유 정신이며, 신의 죽음이 주는 충격을 극복하는 위버멘쉬가 되려는 자이다. 그러나 슬퍼하는 자는 유약한 자이며, 결코 죽을 수 없는 신이 죽었다는 소식을 자신의 실존에서 최후의 희망이 사라진 것으로 간주하는 자들이다. 신의 죽음은 그 소식을 듣는 자에게 긍정과 부정 사이의 선택을 요구한다. 신의 죽음이란 그의 그림자가 최대한으로 제거된 사건이며, 정오는 그의 그림자가 최소한에 그치는 시간이다. 신은 정오의 시간이 도래하면서 죽은 것이다.

---

8) 니체에게서 광기라는 주제는 연구할 만한 가치가 있다. 디오니소스적 비극성은 광인과 광기로 연결된다. 니체는 신의 죽음을 광인으로 하여금 고지하게 하며(『차라투스트라』, 199-201 참조), 그리스인들의 존재성에 광기를 부가하여 바라보고, 디오니소스를 광기와 연결하여 바라본다; "디오니소스적 광기는 도대체 어떤 의미를 지니고 있는가? 뭐라고? 광기라는 것이 반드시 퇴화, 몰락, 노쇠한 문화의 징후는 아니지 않은가?"(『비극의 탄생』, 15, *KGW* Ⅲ-1, *Die Geburt der Tragödie* (이후 *GT*), 10); "…그리스 땅에 **가장 큰** 축복을 가져다준 것이 바로 그 광기였다면?" (같은 책, 같은 쪽, 강조원문, *KGW* Ⅲ-1, *GT* 같은 쪽)

위대한 정오란 사람이 짐승에서 위버멘쉬에 이르는 길 한가운데
와 있고, 저녁을 향한 그의 길을 최고의 희망으로서 찬미하는 때
를 가리킨다. 저녁을 향한 길이 곧 새로운 아침을 향한 길이기 때
문이다.[9]

정오에 비추는 최대의 빛을 긍정하는 자와 부정하는 자, 즐
기는 자와 피하는 자로 인간은 갈린다.[10] 따라서, 신의 죽음은
인간에겐 최고의 공포이며 자유이기도 하다. 그런데 자신의 그
림자를 정오에 스스로 거두면서 인간에게 행한 "신의 유일한
사과는 그가 존재하지 않는다는 것이다."[11] 따라서 신의 죽음
은 인간의 자유가 시작되는 출발일 수밖에 없다.

지금까지 인간의 삶에 대한 최대의 반증인 신이 죽었다.[12]
최소한 인간에게 타자의 도덕을 강요했던 도덕적인 신은 죽고
사라졌다.[13] 완전한 세계가 별도로 존재하므로 이 세계가 열등

---

9) 『차라투스트라』, 132, *KGW* Ⅵ-1, *Za* 98.

10) 필자가 볼 때 니체에게서의 '신의 죽음'과 플라톤에게서의 '동굴의 비유'에는 유사한 은유 (metaphor)가 있다. 신(동굴의 어두움)에 사로잡혀 있던 자들은 신의 죽음(정오의 빛)을 믿지 못한다. 이성(합리적 신)을 탈출한 광인(신을 죽인 자)은 군중들에게 비웃음을 당한다. 또한 『차라투스트라』에서의 광대(廣大)와 『즐거운 학문』에서 광인(狂人)과의 은유에도 주의할 필요가 있다; "(⋯)광대가 줄타기를 시작한 것이다"(『차라투스트라』, 27, *KGW* Ⅵ-1, *Za* 15); 인간을 위버멘쉬와 짐승 사이에 놓인 밧줄(같은 책, 21 참조, *KGW* Ⅵ-1, *Za* 10 참조)로 묘사하는 니체가 그 밧줄을 광대로 하여금 줄 타게 하고 있다. 만약 신의 죽음이 위버멘쉬로 가는 밧줄이라면, 광인만이 신을 죽이고, 광대만이 밧줄을 탄다면 니체에게서 정상과 비정상, 이성과 광기의 대조, 그리고 전통적 이성의 역할이 파괴되고 광기의 창조적 역할이 부각된다는 것은 그 의미가 크다. 이 광기는 또한 디오니소스와 연결된다. 플라톤의 『국가』 제7권 514a-517c에 소개되어있는 동굴의 비유를 살펴보자. 동굴의 어두움에 갇혀있는 포로들(514a-b 참조) 중에, 이 어두운 곳을 빠져나간 포로는 진리(episteme)를 목격하게 될 것이다(516b 참조). 그러나 억견 (臆見, doxa)에 묶여있는 포로들에 의해서 그는 비방당하고 오해받으며 죽임을 당한다(517a 참조). 플라톤, 『국가·政體』, 박종현 역, 서광사, 2005. 448-453 참조.

11) 『이 사람을 보라』, 359, *KGW* Ⅵ-3, *Ecce Homo* (이후 *EH*) 284.

12) 위의 책, 같은 쪽 참조, *KGW* Ⅵ-3, *EH* 같은 쪽 참조.

13) "신의 **반박**, 오직 도덕적인 신만이 본래 반박되었다."(『유고(1884년 가을~1885년 가을)』,

하다는 의식은 허위의식이다. 인간은 그의 한계 때문에 신에게 열등감을 가질 필요가 없다. 또한 '완전'으로 상정되는 신이 더 이상 존재하지 않기에, 이제 완전은 다른 곳에서 찾아야 하거나 버려야 한다. 만약 완전함을 신이 아닌 다른 존재자에서 찾아야 한다면 그것은 신으로 상징되는 다른 세계가 아니라 바로 이 존재자들의 세계 내에서 찾아야 한다. 만약 완전함이 존재하지 않는다면 세계 내의 모든 사물은 그들이 존재하는 고유의 정당성을 획득하게 된다. 그렇다면, 이 유일한 세계에서 탄생한 모든 사물에 불완전함과 결핍은 존재하지 않는다는 결론도 가능하다.

따라서 세계에 불완전한 사물은 없으며 존재자는 완전을 향한 허위의식을 버리고 자기의 한계로 존재하는 것을 차라리 긍정하게 된다. 더불어 이 세계에서 오류라고 재단되었던 것들도 다시 긍정하게 된다. 그만의 방식대로 존재하고자 하는 존재자의 활동은 옳고 그름의 판단으로부터 자유롭기 때문이다.

이렇듯 완전함에 대한 원한(Ressentiment)이 낳은 것 중에 대표적인 것이 신이라는 이상이다. 그리고 신에 대한 부질없는 희망으로 삶을 위로하였던 자들이 발명한 것이 종교이다. 니체가 볼 때 종교는 인간 유형을 낮은 단계에 머물게 한 주요 원인이다.[14] 더욱이 완전하고 영원한 신에 대한 필요와 요구가 신의

453, 강조원문, KGW Ⅶ-3, *Nachgelassene Fragmente Herbst 1884 bis Herbst 1885* [이후 *NF (1884H-1885H)*], 354)

14) 『선악의 저편』, 102 참조, *KGW* Ⅵ-2, *JGB* 80 참조.

존재에 대한 증명은 될 수 없다.

니체가 볼 때 근대 철학에서의 칸트(Kant)의 물자체는 신에 대한 재긍정 이상이 아니며, 신의 붕괴란 신이 다시 물자체가 된 것을 의미한다.[15] 니체는 칸트의 이성 철학을 반자연(反自然)과 데카당스로 비판하는 것[16]에서 나아가 초월에 대한 유럽 철학의 집착은 플라톤 이래로 무(Nichts)가 신격화되었고, 신성시된 것 때문으로 본다.[17]

그러나 인간이 추구해야 할 지평은 신과 물자체가 아니라고 니체는 말한다. 오히려 본래의 자연성과 인간성으로의 귀환이 그 지평이어야 한다. 사실 인간의 가치와 희망의 투영에 불과한 신은 "사람과 자아의 빈약한 일부분"[18]일 뿐이다. 신으로 은유되는 세계와 궁극적 근거에 대한 맹목적 신앙은 인간의 미래 지평을 저해할 뿐이다. 따라서 인간의 새로운 지평을 개척하기 위해, 신을 향해 오도되었던 인간들의 힘에의 의지는 세계를 그들 자신에게로 귀환시키기 위해 신의 추방과 삭제를 의욕해야만 한다.

"그리스인은 호메로스의 신들을 자기 위의 주인으로 보지 않았으며, 유대인과 달리 자신들을 신들의 아래에 있는 하인이라

---

15) **신의 붕괴**: 신이 물자체가 되었다."(『안티크리스트』, 234, 강조원문, *KGW* Ⅵ-3, *AC* 182); 칸트와 헤겔의 신 증명에 대한 견해는 백훈승, 「존재론적 신 존재 증명에 대한 칸트와 헤겔의 견해」, 『이성과 비판의 철학-칸트와 독일관념론을 중심으로』, 철학과현실사, 2006, 267-288 참조.

16) "모든 것과 개개의 것에 들어있는 잘못을 저지르는 본능, 본능으로서의 반 자연, 철학으로서의 독일의 데카당스-이것이 바로 **칸트**다!"(『안티크리스트』, 226, 강조원문 *KGW* Ⅵ-3, *AC* 176)

17) 위의 책, 235 참조, *KGW* Ⅵ-3, *AC* 183 참조.

18) 『차라투스트라』, 48, *KGW* Ⅵ-1, *Za* 31.

고 보지도 않았다."19) 신과 인간은 각자의 세계에서 거주하고, 그들의 역량으로 활동한다. 상호 침해와 간섭은 비겁하고 유약한 것으로 간주되었다. 그러나 기독교의 신은 그동안 지나치게 인간의 세계를 점령해 왔다. 인간의 나약한 의지와 정념이 투사되어 완성된 기독교는 "인간 일반의 완전한 무가치함, 죄악과 비열함을 널리 가르친다."20) 기독교 도덕에서 인간이란 아담의 죄가 유전되고 현현(顯現)한 존재자에 불과하다. 기독교에서는 삶의 문제가 죄의 문제로 변화한다. 이 세상에서 죄를 벗어날 방법은 이 형벌을 내린 신의 역사와 구원의 약속을 믿는 것뿐이다. 이렇듯 죄와 구원의 문제가 기독교의 교리와 도덕을 관통하고 있다.

그러나 니체는 이 기독교의 교리와 도덕에 대해 생성의 무죄와 피안의 거부로 맞선다. 태어난 것들은 자신들의 탄생에 대해서 완전한 무죄이다. 태어난 것들은 세계의 순환에 의해 필연적으로 나타난 것들이다. 유일한 세계의 지속적 순환에 의해 등장한 필연적 존재자들에게 다른 세계는 가능하지도 않고 필요하지도 않다.

---

19) 『인간적인, 너무나 인간적인 1』, 137, *KGW* Ⅳ-2, *Menschliches, Allzumenschliches Ⅰ* (이후 *MA Ⅰ*).
20) 위의 책, 139, *KGW* Ⅳ-2, *MA Ⅰ* 119.

초월의 붕괴

필자가 초월의 붕괴를 통해 제기하고자 하는 주장은 다음과 같다.

첫째, 전통 철학에서 쓰여 왔던 초월 개념이 니체에게선 변화한다는 것이다. 전통적인 용법으로서 종교적 초월이나, 존재론적이고 인식론적인 맥락에서의 초월을 니체는 거부한다.[21] 둘째, 또한 니체는 이성의 한계를 넘어서는 형이상학적 초월을 긍정하지 않는다.[22] 신의 세계를 향한 초월이 아니라, 인간의 세계 내에서, 그 신체성이 실현하는 것으로서의 초극만이 니체

---

21) "그의(니체의) 관심은 단지 신이 존재하지 않는다는 것을 선언하거나 세우는 것이 아니었다; 그는 더 나아가 만약 우리가 초월적 신성의 존재에 관한 것을 더 이상 사유하지 않는다 할지라도, 우리가 어떻게 세계와 우리 자신을 다시 해석하고, 우리의 삶들과 가능성을 다시 가치 지우는가 하는 문제가 새롭게 제기된다는 것이었다."(Richard Schacht, *Nietzsche*, Boston: Routledge & Kegan Paul, 1983, 122. 괄호 필자)

22) 이를 하이데거는 다른 식으로 설명하였다. 그는 니체가 전통적인 서구형이상학의 관점을 전복하고 완성한 것으로 설명하였다. 그에 의하면 형이상학은 니체에 의해 그 본질적 가능성을 탈취당하고 더 이상 가능하지 않은 것으로 설명된다. 이로써 형이상학은 전복된다. 하이데거는 니체에게서 형이상학은 존재자를 존재자로 드러내는 것을 의미한다고 설명한다. 즉, 니체에게서 형이상학은 존재론이거나 전혀 아무것도 아닌 것이 된다. Martin Heidegger, *The Question Concerning and Other Essays*, ed. & trans. William Lovitt, Garland Publishing, 1991, 53-112, in Martin Heidegger, 'The Word of Nietzsche: God is Dead', *Nietzsche-Critical Assessments* Vol. Ⅱ.,-*The world as will to power-and Nothing Else?: Metaphysics and Epistemology*, ed. Daniel W. Conway with Peter S. Groff, London · New York: Routledge, 1998, 91-92 참조.

에게 긍정된다. 거짓 초월이 아닌 신체의 힘의 발휘인 초극을 통해 인간이 개선되어야 함을 니체는 설파한다.

> 또한 인간이 결국 모든 행위의 절대적 필연성과 그것에 대한 완전한 무책임에 관해서 철학적인 확신을 얻고 그것을 제2의 천성으로 받아들인다면, 양심의 가책이라는 그 잔재도 역시 사라지고 말 것이다.[23]

인간은 위버멘쉬와 짐승 사이의 밧줄에 올라있는 존재자[24]이다. 밧줄 위의 실존은 위태롭다. 발을 헛디디는 순간 추락하며, 앞으로 내딛어야만 산다. 인간은 현재를 극복하는 존재자이어야 한다. 인간은 초월적 신성에만 치우쳐도, 한계적 본능에만 치우쳐도 안 된다. 니체는 인간이 지닌 생리적 본성을 긍정하고 이것이 발현된 자연인을 긍정한다. 인간의 외부에서 인간을 규정하는 철학은 제대로 된 철학으로 설 수 없다. 만약 지금까지의 전통 철학이 인간을 소외시키고 그 지위를 비하하는 것이었다면, 새로운 철학은 인간의 삶을 그 사유의 중심에 놓는 것이어야 한다.

니체에 의하면 허무주의란 삶을 부정하는 것으로 고통을 해석하는 기독교의 결과이며, 고통에 대한 기독교의 오해의 산물이다.[25] 기독교의 관점은 고통을 담고 있는 세계는 지양되어야

---

23) 『인간적인, 너무나 인간적인 Ⅰ』, 150, *KGW* Ⅳ-2, *MA* Ⅰ 128.

24) 『차라투스트라』, 21 참조, *KGW* Ⅵ-1, *Za* 10 참조.

25) James M. Ford, *Nietzsche, nihilism, and Christian theodicy*, Princeton: Princeton University, 2-3 참조; 쇼펜하우어가 지닌 세계에 대한 허무주의적 인식은 니체에게 많은 영향을 끼치게 된다.

할 것으로서 부인하고, 고통은 신을 향한 신앙을 입증하기 위하여 견뎌야 하는 악한 것으로 비난한다. 그러나 니체는 "고통을 빼놓고 생각하는 세계는 어떤 의미에서도 반미학적인 것"[26]이라고 비판한다. 고통에 대한 니체의 관점은 그에 관한 연구에서 그동안 충분히 강조되지 못했다.[27] 인간은 본래 고통 받는 자이며, 그 고통을 제거하려는 하나의 시도가 초월적 태도이다. 그러나 니체는 고통을 인간이 살아가기 위한 필요조건으로, 인간의 성장을 위해 반드시 수반되어야 할 실존의 조건으로 긍정한다.

예를 들어 디오니소스의 삶은 고통으로 가득하다.[28] 고통을

그러나 쇼펜하우어는 이 허무로서의 세계와 세계에 대한 기독교적 인식을 통일한다. 스피노자, 니체와 달리 "쇼펜하우어는 자기와 신, 개별자와 신성한 보편자가 상호 배타적이라는 것을 인정하지 않고, 그 사이에 다리를 놓는다."(Georg Simmel, *Schopenhauer and Nietzsche*, trans. Helmut Loiskandl, Deena Weinstein, and Michael Weinstein, Urbana: University of Illinois Press, 1986, 143 참조)

26) 『유고(1884년 가을~1885년 가을)』, 456, *KGW* Ⅶ-3, *NF (1884H-1885H)*, 356.

27) 니체 사상에서 고통이라는 주제에 관한 국내의 석·박사학위 논문은 2013년 3월 현재까지는 없다. 필자의 학위논문 이후 국회도서관 학위논문 검색결과(2021년 5월 29일 자)를 살피면 2020년 8월 서울대 미학과 석사학위 논문이 현재로서는 유일하다. 이는 니체의 사상 저변에 놓인 '고통'이라는 개념이 그가 제시하는 '극복하는 삶'으로서의 인간 '운명'과 그 '실존'에 어떻게 관통하고 있는지 아직은 체계적 연구가 덜 되었다고 볼 수도 있다. 다만 학술지에 관련 논문들이 있는 데 다음과 같다. 김정현은 고통을 삶의 연관으로서 바라보며, 고통당하는 자가 삶의 건강을 더 정확히 포착할 수 있다고 말하며(김정현, 「니체의 건강 철학-병과 건강, 치료의 개념을 중심으로」, 『니체연구』, 제7집(한국니체학회, 2005), 152-156 참조), 박찬국은 인간의 성숙을 위해 고통이 필요하다는 니체의 주장에 동의하면서, 니체가 말하는 고통을 두 종류로 나누어 힘에의 의지가 병든 자의 고통과 힘에의 의지가 넘치지만 그것이 좌절되는 장애와 곤란으로의 고통을 구분한다(박찬국, 「니체의 불교관에 대한 비판적 검토-고통의 문제를 중심으로」, 『철학사상』, 제33집(서울대학교 철학사상연구소, 2009), 193-235 참조). 이주향은 프로메테우스의 고통을 인간의 자존과 연관하여 관찰하고, 이 때문에 신에 대한 모독인 프로메테우스의 행위를 니체가 긍정하였다고 말한다(이주향, 「자기를 아는 자의 고통에 대한 니체의 해석-니체는 왜 오이디푸스와 프로메테우스의 고통에 주목했을까?」, 『니체연구』, 제18집(한국니체학회, 2010), 185-205 참조).

28) 『비극의 탄생』에서 디오니소스는 고통과 관련된다. 자그레우스 신화와 관련한 "찢긴 신체(…)"와 "원초적 고통(…)"(같은 책, 85, *KGW* Ⅲ-1, *GT* 68), 이 "고통에서 느낀 자신의 근원적 쾌락(…)"과 "음악과 비극적 신화의 공통의 탄생지(…)"(『비극의 탄생』, 175, *KGW* Ⅲ-1, *GT* 148)로, 그리고 이러한 "디오니소스적 예술은 […] 모든 파멸에도 불구하고 존재하는 영원한 생명

긍정하지 못하는 자는 비루해진다.[29] 니체가 비판하는 초월적 태도는 인간의 몸을 떠난 반현재(反現在)와 반대지(反大地)로서의 초월이다. 이는 어두컴컴한 대지 아래로 끌어당기는 중력의 힘과 대조된다. 우리가 대지에 딛고 있는 발을 위로 강제로 끌어올리려는 힘이 종교적·이성적 초월의 힘이다. 반면 대지 위에서 춤추려 하는 발을 강제로 붙들고 땅속으로 끌어들이려는 힘은 중력의 힘이다.[30] 본능을 저주하고 현재의 신체를 떠나 존재하지 않는 저편으로 도피하려는 경향과 본능을 억압하고 신체의 힘을 땅속으로 끌어들여 구속하려는 경향 모두를 니체는 초월하려는 힘으로 비판한다. 이러한 경향은 신에 대한 관점에서도 드러난다. 예를 들어 이는 본질에서는 같은 비판의 대상이지만 니체가 기독교와 달리 인도의 불교에 대해 지니는 상대적인 긍정과 차이가 있다. 단순화하자면 불교가 니체에 의해 수동적인 허무주의라 불리면서 상대적으로 기독교에 대비해 긍정되는 것은 인간의 신체에 대한 관점의 차이에서 비롯한다. 불교는 인간의 고통을 회피하려 하지 않고, 그 본질을 직관한다.[31]

을 표현(…)"(『비극의 탄생』, 127, *KGW* Ⅲ-1, *GT* 104)하며, 이를 통해 "우리는 생성하는 모든 것이 고통스러운 몰락을 준비해야 한다는 점을 인식해야만 한다"(같은 책, 같은 쪽, *KGW* Ⅲ-1, *GT* 105); 디오니소스의 출생과 죽음, 이 신화를 니체가 수용한 의미에 대해서는 정낙림, 「디오니소스 다시 한번 더, 니체의 디오니소스-자그레우스 신화의 수용과 철학적 의미」, 『니체연구』, 제7집 (한국니체학회, 2005), 7-41 참조.

29) "그들은(평균인들은) 고통 자체를, **제거해야만** 하는 무엇으로 여긴다."(『선악의 저편』, 75, 강조원문, 괄호 필자, *KGW* Ⅵ-2, *JGB* 57); "고통에 대한 회의, […] 최후의 거대한 노예 반란이 일어나는 데도 적지 않게 기여했다."(『선악의 저편』, 84, *KGW* Ⅵ-2, *JGB* 65)

30) 『차라투스트라』, 181 참조, *KGW* Ⅵ-1, *Za* 135 참조.

31) 기독교에서 고통에 대한 직접적 물음과 해석이 없는 것은 아니다. 구약의 욥기는 의인이 겪는

우리는 신과 초월에 대한 니체의 비판이 현재에 존재하는 인간을 올바로 초극시키기 위하여 인간의 신체를 중심에 놓고 양면적으로 진행된다는 것을 알 수 있다. 만약 신을 거부하는 이 초월의 방향이 신체의 내면을 향한다면, 니체에게선 이러한 힘은 고독, 비극적 인식 등의 초극하는 힘으로 구체화되며, 이 초월의 방향이 신체의 표면으로 향하게 되면, 예술적 가상에 대한 긍정, 춤의 사유 등의 초극하는 힘으로 구체화된다. 그리고 이 심연(深淵)과 표면을 향하되 신에 의존하지 않는 초극의 힘들은 융합하여 운명애와 위버멘쉬의 자유를 낳는다.

여기서 초월을 부정한 니체의 사상에는 고통이 큰 비중을 차지하고 있다.32) 니체는 고통에 대한 기독교의 관점과 정면으로 대결한다. 디오니소스적 삶은 다양한 고통을 지니고 있는 삶에 대한 긍정이고, 그의 대적(對敵)인 십자가에 못 박힌 자는 삶에 대한 부정으로서, 현실로부터 이상 세계로의 도피이다.33) 쇼펜하우어에 의하면 세계와 자기로부터의 도피를 가르치는 기독교의 정신은 그의 염세주의의 관점과 유사하다. 그러나 그는 기독교의 관점을 지혜의 본질로서 바라본 반면에, 니체는 이를

고통의 이유에 대한 직접적 문제 제기이다. 필자가 볼 때 주요한 문제는 고통을 신으로 상징되는 외부와의 관련이나 귀속으로 해석하지 않고 주체 내부에서 어떻게 위치시켜 해소할 것인가이다. 이 관점의 차이가 기독교를 비롯한 종교적 관점과 니체의 관점이 고통에 대해 서술하는 각기의 차별성과 해석을 낳는다.

32) "무엇이 디오니소스적인가? […] 디오니소스적인 것이 어떻게 그리스인들에게 비극의 근원이 된 것인가? 라는 […] 근본적 물음은 고통에 대한 그리스인의 관계, 그의 감수성의 정도다."(『비극의 탄생』, 14, *KGW* Ⅲ-1, *GT* 9); "에피쿠로스가-바로 **고통당하는 자**로서-낙천주의자였다면?"(같은 책, 16, 강조원문, *KGW* Ⅲ-1, *GT* 11); James M. Ford, 위의 책, 10 참조.

33) James M. Ford, 위의 책, 13.

철저히 부정하고 극복한다.34) 쇼펜하우어와 기독교의 공통점은 신체와 욕망을 폄하하고 부인하여 악마화시킨 것이다. 기독교는 인간의 자연적 본성을 부정했고, 그 본성들의 생산성과 차별성을 바라보지 못했다. 그 결과 실재들의 다수성을 단일성으로, 도덕의 복수성을 획일성으로 단순화시켰다. 또한 쇼펜하우어는 고통이 가득한 세계를 의욕하고 욕망하게 하는 의지의 본성을 깨닫고 이를 부정하여 극복하기를 바란 반면에,35) 니체는 의지를 긍정하고 그것을 올바로 행사할 것을 요구한다.

니체가 볼 때 의지를 부정하는 것은 구원으로 가는 통로가 아니라 허무주의로 가는 과정일 뿐이다.36) 고통을 부정적으로 보는 시각은 육체에 대한 부정적 관점에서 비롯된다. 인간의 육체는 시간·공간에서 지속해서 욕구로 인해 고통을 겪어야만 하는 것으로 전통 철학은 바라보았다. 그들은 육체란 영혼을 구속하고, 사유하려는 정신을 옭아매는 것으로 바라보았다. 이는 플라톤 이래 서양철학의 전통적 인식이었다. 최고의 정신은 육체의 구속으로부터 벗어난 자유로운 정신이었고, 금욕주의적 인식은 신체의 일상적 구속에서 벗어난 정신의 해방으로 그들은 높게 칭송하였다. 그러나 금욕주의의 이상이야말로 삶에 대한 증오와 무에 대한 의지를 대표하는 것이다.37) 이는 고통에 대한 기독교의 부정적 이해를 구체화한 것으로

---

34) James M. Ford, 위의 책, 14 참조.

35) 쇼펜하우어, 『의지와 표상으로서의 세계』, 곽복록 역, 을유문화사, 2003, 384-387 참조.

36) James, M. Ford, 위의 책, 15.

37) James, M. Ford, 위의 책, 16.

서 신체와 정동, 그 욕망을 거부의 대상으로 폄하하고, 이를 벗어나야만 할 악으로 보며, 정동과 욕망이 유발하는 고통과의 정면 대결을 회피하는 것이다. 따라서 기독교는 쇠약해진 그 자신의 도덕에 의해서 종말을 맞이했으며, 이 도덕은 기독교 내부에서는 다른 것으로 대치될 수 없는 것이었다. 기독교의 종말로 인해 초래된 허무주의는 모든 것에서 의미가 박탈된 현상인 것이다. 이렇듯 신을 위시한 초월 개념에 대한 니체의 비판은 그 신과 초월을 추방할 인간의 신체에 대한 신뢰를 다시 세워 올바른 초극으로 이끄는 기획이다.

초월을 신봉하는 자들은 자연에는 규칙이 결핍되었다고 여기고, 자의적 규칙을 자연에 대입하기 시작한다. 그들에게 인간은 규칙이며 자연은 불규칙이 된다. 근대 철학은 자연을 난삽한 야생의 땅으로 생각했다. 데카르트(R. Descartes)는 인간을 제외한 자연물 모두를 정신의 결핍, 질서가 누락된 야만, 제어되지 않은 본능의 양태로 그린다. 그리고 이 야생적 자연성의 끝에 인간의 신체를 놓는다. 기독교의 창조 신화에서도 자연을 지배하는 인간의 최고성은 명확히 나타나는 바, 신은 자연에 질서를 부여하고, 그것을 다스릴 주권자로 인간을 창조한다. 자연은 단지 인간을 위한 신의 선사(膳賜)로 세계에 등장하는 것이다.

그러나 니체에게서 신체는 창조적 자연성의 시작으로 다시 자리한다. 신과 초월의 영토를 파괴하기 위한 그의 기획은 신체로부터 시작하여, 그 신체를 긍정하기 위하여 신체가 거주하는 자연적 영토인 대지를 또한 긍정하는 것에서 기독교적 사유와 확연히 대립한다. 따라서 초월 개념이 주입해놓은 반 인간적인 색깔을 제거하기 위하여 니체가 선택한 방법은 바로 자연인으로의 복귀가 되는 것이다.

결론적으로, 전통 철학이 구성해놓은 초월이란 개념은 신체의 본성에서 기원한 본래의 것이 아니라, 정신의 불안과 삶에 대한 허무적 위기의식이 빚어낸 인위적인 것이다. 죽음에 대한 통찰이 논리적으로 오직 초월에 대한 성찰로 이끌어지는 것만은 아니다. 죽음에 대한 불안과 삶의 공포가 반드시 피안의 초월 세계를 요구하는 것도 아니다. 또한, 인간의 무력함과 한계에 대한 자각이 반드시 신을 요청하지도 않는다. 칸트는 인간의 도덕적 의무와 실천의 초월적 근거를 찾기 위해 신을 요청하였지만, 니체는 신으로 도피하지 않고, 인간이 지닌 현재의 신체성에서 도덕과 실천의 근거를 찾아, 올바른 초극의 희망을 읽는다.

이렇듯 새로운 대지와 삶의 동력은 무엇보다도 이 땅에서 사는 인간의 힘에의 의지가 되어야 한다. 그중에서도 추락하지 않고 역동적으로 상승하는 힘에의 의지가 중요하다.[38] 또한 신체성으로서의 인간의 현재가 이성의 초월보다 그 심연이 미약한 것도 아니다. 대지의 자연에도 심연이 있고, 인간의 마음에도 심연이 있다. 우리는 우리의 심연을 두려워할 뿐이지, 늘 그

---

[38] "나는 어떤 인간보다도 상승과 하강에 대한 예민한 후각을 갖고 있다."(『이 사람을 보라』, 331, *KGW* VI-3, *EH* 262)

심연과 함께 걷고 먹고 누워 잔다.39) 니체가 말하는 인간은 신과 초월을 향한 존재자가 아니라, 자기로서 자연에서 삶을 영위하는 자이다. 자연에 "존재하는 것에서 빼버릴 것은 하나도 없으며, 없어도 되는 것은 없다"40)라는 니체의 주장은 신과 초월의 세계에 대해서 신체가 거주하는 대지의 세계를 대립으로 내세우고, 전자를 추방하려는 그의 기획에서 도출한 탁월한 명제이다. 이러한 의미는 대표적으로 그의 디오니소스 사상에서 풍부하게 도출될 수 있다.

---

39) "인간은 언제 다시 그들의 '가장 신성한 내면'을 척도로 철학의 의미를 재는 법을 배울 것인 가?"(『반시대적 고찰』, 413, *KGW* Ⅲ-1, *UB* 352)

40) 『이 사람을 보라』, 392, *KGW* Ⅵ-3, *EH* 309.

삶의 긍정, 디오니소스

　신과 초월을 부정하는 니체의 사상은 '디오니소스' 사상으로 표현된다. 디오니소스는 소크라테스적 주지주의에 대한 비판이며, 생성·소멸하는 세계나 우리가 사는 현실 세계, 즉, 대지에 대한 긍정이다. 디오니소스의 운동은 소크라테스의 운동과 대립한다. 전자는 움직이려 하나, 후자는 멈추고자 한다. 디오니소스는 쇠퇴와 번성, 현현과 은둔을 반복한다. 주체는 디오니소스의 표현이어야 한다. 그들의 신체는 계속 움직이고 변화하며, 그 힘들은 강함과 약함, 죽음과 삶을 대지 위에서 반복한다.

　이렇듯 변하지 않는 것은 존재하지 않음에도 불구하고, 소크라테스는 그의 삶 마지막까지 변하지 않는, 영원한 진리를 찾는다. 그것을 위해 소크라테스는 이성을 내세운다. 따라서 정신의 체계화인 학문은 소크라테스로부터 시작하게 되는 것이다.[41] 이렇듯 소크라테스를 비롯한 전통철학자들이 이성으로 규정한 인간은 의무와 도덕으로 삶을 묶었다. 나아가 이성의

---

41) 『유고(1869년 가을~1872년 가을)』, 19 참조, *KGW* Ⅲ-3, *Nachgelassene Fragmente Herbst 1869 bis Herbst 1872* [이후 *NF (1869H-1872H)*], 13 참조

체계화인 학문은 실존적 인간의 환상을 깨뜨린다.42) 본래 "인식은 삶을 전제로"43) 하는 것인데, "삶을 파괴하는 인식은 자신도 같이 파괴"44)하게 된다. 이성은 이제 자신의 한계를 넘어 신체와 세계를 점령하기 시작한다. 이성은 인간의 주인이 되었고, 그로부터 추론된 모든 행위의 격률은 도덕과 법으로 상승한다.

니체는 이성을 통해 세계와 삶을 이해하고자 하는 소크라테스적 주지주의를 비판하며, 있는 그대로의 삶 자체를 긍정하기 위해 그리스비극의 예술적 사유를 끌어들인다. "소크라테스 이전에 비극은 살아 있었다."45) 소크라테스주의는 삶에 대한 오해이며 비극에 대한 적대자로서 그리스적 명랑함은 그곳에서 저물고 인간의 피로는 그것으로부터 시작된다.46) 그러나 인식

---

42) 『유고(1869년 가을~1872년 가을)』, 99 참조, *KGW* Ⅲ-3, *NF (1869H-1872H)* 76 참조.

43) 『반시대적 고찰』, 같은 쪽, *KGW* Ⅲ-1, *UB* 327.

44) 위의 책, 385, *KGW* Ⅲ-1, *UB* 326-327.

45) 『유고(1869년 가을~1872년 가을)』, 15, *KGW* Ⅲ-3, *NF (1869H-1872H)* 10.

46) 『유고(1888년 초~1889년 1월 초)』, 29 참조, *KGW* Ⅷ-3, *NF (1888A-1889AJ)* 20 참조; 비극 정신으로서 삶을 바라보는 니체와 삶을 위한 정신의 지도원칙을 내세우는 소크라테스의 관계는 니체의 초기 저술 『비극의 탄생』에 잘 서술되어 있다. 소크라테스주의가 디오니소스적 그리스비극에 반란을 일으켜 탄생시킨 것이 에우리피데스 류(類)의 비극이다. 이는 비극에 논리성과 질서를 부여하고, 이성적 사유 즉, "아름답기 위해서 모든 것이 이성적이어야 한다"라는 미학적 기본원칙(같은 책, 100, *KGW* Ⅲ-1, *GT* 81)으로 극의 전개를 끌어내려고 한다. 에우리피데스 류의 비극이 디오니소스적 비극이 가지는 진중성을 함의하기 위해 기껏 도입한 무대장치는 기계장치 신(같은 책, 102 참조, *KGW* Ⅲ-1, *GT* 82 참조)이다. 기계장치 신(deus ex machina)은 극의 필연적 전개를 방해하고 갑작스레 외부에서 사건의 해결을 시도하는 플롯의 장치이다. 이는 정신의 작위이며 삶을 변조시키고 왜소하게 만드는 이성의 한계에 대한 비유이다. 니체는 이를 미학적 소크라테스주의라고 비판한다. "우리는 에우리피데스를 미학적 소크라테스주의의 시인으로 간주해도 무방할 것이다."(같은 책, 103, *KGW* Ⅲ-1, *GT* 83); 소크라테스는 비극의 적대자이며 그 변증론은 음악을 비극에서 추방하였고(같은 책, 112 참조, *KGW* Ⅲ-1, *GT* 91 참조), 디오니소스와 적대한다. "**이론적 인간**(*anthropos theoretikos*)에게서 고대 세계는 파멸했다."(『유고(1869년 가을~1872년 가을)』, 184, 강조원문, *KGW* Ⅲ-3, *NF (1869H-1872H)* 146). 소크라테스 이후 "**이론적 인간** *anthropos theoretikos* 의 과도한 지배에서의 해방"(같은 책, 99, 강조원문, *KGW* Ⅲ-3, *NF (1869H-1872H)* 77)이 삶의 목표가 되어야 한다. 그러나 니체의 사상에서

의 한계에도 불구하고 삶은 지속되어야 한다.47) 니체는 인식의 한계를 다시 예술적 사유로 보충하려 한다. 예술적 사유는 다름 아닌 신체성으로 세계를 대하는 것이다.48) 그것은 그리스인들이 이미 보여주었다.

> '그리스의 명랑성'이라는 진지하고 뜻깊은 개념을 이런 의미에서 이해해야만 그것을 제대로 파악했다고 우리는 믿어도 될 것이다. 그러나 현재 가는 곳마다 마주치게 되는 것은 완벽하게 쾌적한 상태라고 잘못 이해된 명랑성 개념이다.49)

그리스인들은 삶을 추구하고 그 삶은 명랑성을 의미했다. 그들의 명랑성은 쾌락주의적 탐닉이나 쾌에 대한 원리적 추구와는 거리가 멀다. 그리스인들의 명랑함은 삶의 심연에서 우러나온다. 니체는 근대인들의 데카당스에 대한 해결책을 고대 그리스인에게서 발견한다.50) 디오니소스적 삶은 그리스인들의 명랑

소크라테스의 역할이 부정적이고 비판의 대상인 것만은 아니다. 비극 정신의 미학으로 보충된 소크라테스주의는 니체가 갈구하는 것이다. 즉 니체는 소크라테스 이후를 말하고자 하는 것이다. 니체는 소크라테스의 꿈, "소크라테스여! 음악을 울려라"(같은 책, 113)라는 다이몬의 계시를 들어 감옥에서 "소크라테스가 음악을 연주했다."(같은 책, 290, *KGW* Ⅲ-3, *NF (1869H-1872H)* 235)라고 말하며 **음악을 행한 소크라테스**"(『유고(1869년 가을~1872년 가을)』, 249, 강조원문, *KGW* Ⅲ-3, *NF (1869H－1872H)* 201)로 말하기도 한다. 니체는 현재와 미래의 문으로서 "음악을 하는 소크라테스"(같은 책, 120)의 탄생을 고대한다. 이는 에우리피데스가 디오니소스 송가의 효과를 내기 위해 비극 사상을 추구하는 것과 같다(같은 책, 249, 250 참조, *KGW* Ⅲ-3, *NF (1869H-1872H)* 201, 202 참조). "고백하자면 나는 **소크라테스**를 무척 가깝게 느끼지만 거의 언제나 그와 싸웠다."(『유고(1875년 초~1876년 봄)』, 222, 강조원문, *KGW* Ⅳ-1, *NF (1875A－1876F)* 173)

47) 『유고(1869년 가을~1872년 가을)』, 129, 133 참조, *KGW* Ⅲ-3, *NF (1869H-1872H)* 102, 105 참조.

48) 위의 책, 139 참조, *KGW* Ⅲ-3, *NF (1869H-1872H)* 109 참조.

49) 『유고(1870년~1873년)』, 128, 강조원문, *KGW* Ⅲ-2, *Nachgelassene Schriften 1870~1873* [이후 *NS (1870-1873)*], 105.

성을 생산하는 직접성이다.[51)]

니체의 디오니소스는 초월적 신과 대립할 수밖에 없다. 신은 초월의 영토에서 인간의 궁지를 꺾기 위한 하강 운동을 하고, 디오니소스는 표면의 심연인 대지에서 인간을 오르게 하기 위한 상승 운동을 수행한다. 신은 디오니소스가 제거되어야 온전히 부활한 자로 칭송받을 수 있다. 신의 부활과 디오니소스의 부활은 같이 지속할 수 없는 사건이다. 디오니소스는 부활한 신을 비웃으며 삶에서 죽음을 반복한다. 오히려 진정한 부활은 디오니소스의 것이다. 죽은 신은 다시 도덕으로, 형이상학으로 부활하였다. 신의 변태(變態)는 기독교, 도덕, 형이상학이다. 그를 완전히 죽이는 방법은 바로 인간이 신의 대체자가 되거나 스스로 신이 되는 것이다.[52)] 그렇다면 신의 죽음은 그를 부활시킨 기독교, 그를 행위의 명령으로 근거시키는 도덕, 그를 우주의 최종 원리로 상정하는 형이상학의 연이은 죽음일 수밖에 없다.

니체에게 디오니소스란 우리가 사는 유일한 세계, 즉, 대지

---

50) "(…)그리스인들이 가진 소위 '명랑성'과 그리스적 예술에 대해 자신(니체)이 붙였던 물음표 […] 우리를 삶으로 가장 강하게 유혹하는 유형의 사람들이 그리스인들인데(…)"(『비극의 탄생』, 9-10, 괄호 필자, *KGW* Ⅲ-1, *GT* 5-6)

51) "우리가 '무엇이 디오니소스적인가?'라는 물음에 대답할 수 없는 한 그리스인들은 여전히 전혀 인식될 수 없고 상상할 수도 없다는 사실의 문제다. […] 무엇이 디오니소스적인가? […] 근본적 물음은 고통에 대한 그리스인의 관계, 그의 감수성의 정도다."(『비극의 탄생』, 14, *KGW* Ⅲ-1, *GT* 9); "영웅에게 어울리는 것은 자신을 둘러싼 비애를 넘어서 명랑한 상태에 머무는 것이다." (『유고(1882년 7월~1883/1884년 겨울)』, 63, *KGW* Ⅶ-1, *NF (1882J—1883/84W)* 49); 고통에 대한 불교와 니체 사상의 비교는 박찬국, 「니체의 불교관에 대한 비판적 검토-고통의 문제를 중심으로」, 193-235 참조.

52) 니체는 우리가 신이 아닌 것을 어떻게 견딜 수 있는가 라고 『차라투스트라』에서 묻는다. "차라리 내 자신이 신이 되겠다!"(『차라투스트라』, 431, *KGW* Ⅵ-1, *Za* 321)

를 뜻한다. 그에게 삶의 정당화는 바로 여기에서 일어난다. 디오니소스는 그곳에서 유한과 무한의 경계를 오고 가면서 세계에 나타난다. 디오니소스로 인해 인간은 삶과 죽음 모두에서 자유로워지며, 그 모두를 긍정하게 된다. 따라서 죽음에 치우친 태도는 전회하여 "사람들은 단지 삶뿐 **아니라** 생존하는 것 모두를 정당화(…)"[53]하게 된다. 디오니소스는 삶을 정당화하는 공식이다.[54]

디오니소스는 이념을 신으로부터 다시 대지로 되돌리고, 신의 죽음을 이 세계에서 확고하게 결정짓는다. 디오니소스성은 인간의 의지, 정신 그리고 취향 안에 존재한다.[55] 디오니소스가 다원적이며 복합적이듯 개별적 신체들은 자기 안에 복합적 세계를 지닌다.[56] 그렇다면 개별자들은 이미 디오니소스적이며 그들은 이미 잠재적인 위버멘쉬인 것이다. 이제 새로운 주체들은 그들의 신체성을 어떻게 정립하고 도덕으로 구현하며, 그 구현된 도덕들은 어떻게 타자들의 도덕과 차별되는지 살펴보고자 한다.

---

53) 『유고(1887년 가을~1888년 3월)』, 15, 강조원문, *KGW* Ⅷ-2, *NF (1887H-1888M)* 8.

54) 위의 책, 27 참조, *KGW* Ⅷ-2, *NF (1887H-1888M)* 19 참조.

55) 위의 책, 395 참조, *KGW* Ⅷ-2, *NF (1887H-1888M)* 332 참조.

56) "사회적, 역사적, 문화적, 도덕적 코드들의 중심체로서의 인간의 몸은 그 코드들의 상호 교착적 운동 가운데 끊임없이 생성하는 탈 중심화되는 존재의 의미 공간을 마련한다."(김정현, 「니체에 있어서의 주체·자아와 자기의 문제-도덕적, 미학적 자아관」, 『철학』, 제44집(한국철학회, 1995), 170)

3

자기(自己)와 도덕(道德),
삶의 예술(藝術)

도덕의 데카당스

　니체에게서 도덕은 신의 대체물에 불과하다. 사회를 구성하고 유지하는 가치나 제도들의 전부 또한 니체는 힘에의 의지들의 결집으로 바라본다. 세계 내에서 한 인간을 타자로부터 구별시켜 자기로 존재하게 하는 차이는 그의 도덕이며 이것은 힘으로 환원된다.[1] 힘은 매 순간 확장하고자 하므로[2] 자신의 세계를 통해 드러난 힘에의 의지인 도덕은 자기에게 고유한 덕이며 힘으로서 존재하게 된다.

　우리는 개별적인 신체적 주체의 힘에의 의지들이 시대에서 집단으로 연합할 때 그 연합된 힘에의 의지가 향하는 방향으로 그 시대의 도덕을 평가할 수 있다.[3] 주체는 시대와 자신들의 파토스(pathos)가 표현된 도덕을 지닌다. 인간은 도덕으로부터 초월

---

1) "어떤 사람에게 정당한 것이 반드시 다른 사람에게는 아직 정당**할 수는** 없다는 것을, 그리고 만인을 위해 하나의 도덕을 요구하는 것은 바로 보다 높은 인간을 침해하는 것이라는 사실을, (…)"(『선악의 저편』, 215, 강조원문, *KGW* Ⅵ-2, *JGB* 171)

2) "힘들의 세계는 결코 균형에 이르는 법이 없고, 한시도 휴식하는 법이 없으며, 그 힘과 운동은 매시 똑같이 크다."(『유고(1881년 봄~1882년 여름)』, 492, *KGW* Ⅴ-2, *NF (1881F-1882S)* 396); 백승영, 『니체, 디오니소스적 긍정의 철학』, 책세상, 2005, 361-362 참조.

3) "도덕은 단지 기호언어에 불과하며, 증후학일 뿐이다."(『우상의 황혼』, 125, *KGW* Ⅵ-3, *Götzen-Dämmerung* (이후 *GD*), 92); "도덕은 또한 정동(情動)을 나타내는 기호언어일 뿐이다."(『선악의 저편』, 140, *KGW* Ⅵ-2, *JGB* 109)

해 있을 수가 없으며 한 인간의 양태는 그와 그 시대의 도덕과 그 판단이 결합한 양태이다. 그렇다면 니체가 당대의 유럽을 데카당스의 시대로 평가하는 것[4]은 그 시대의 도덕이 시대와 인간을 위한 위대한 도덕으로 기능을 못하고 있다는 말이다.

니체는 소크라테스적 주지주의를 계승한 당대의 유럽, 특히 독일정신을 비판한다. 독일정신은 신체로부터 정신을 자의적으로 분리한 소크라테스의 전통이 병리적으로 드러난 유럽의 질병이다. 독일정신은 삶을 체험으로부터 분리해 추상화한 역사주의적 태도와 고루한 관념론으로서의 장년 의식의 완성이다.[5] 니체에게서 독일정신과 민족, 언어 등에 대한 비판은 영국적 본능인 공리주의에 대한 비판과 나란히 진행된다.[6]

이제 도덕은 다시 내재적 힘에의 의지인 자연성과 생명력에 근거해야 한다. 차별되는 다양한 개별자들의 고유한 힘들은 타자와의 위계에서 자기에게 부합하는 도덕을 선별하고 선택하기 위해 타자의 힘·도덕을 자기의 힘·도덕과 구분한다. 그리고 생리적인 고유의 기질인 자기의 힘과 도덕을 긍정하는 관점으로 "거리의 파토스(das Pathos der Distanz)"[7]를 내부에 지닌다.

---

4) 『유고(1884년 초~가을)』, 17, 25, 33-34 참조, *KGW* VII-2, *Nachgelassene Fragmente Frühjahr bis Herbst 1884* [이후 *NF* (1884F~H)] 11, 17, 23 참조.

5) 『반시대적 고찰』, 362-388 참조, *KGW* III-1, *UB* 307-330 참조. 청년은 교육을 통해 독일의 정신과 역사주의의 유습을 계승한다. 니체는 독일정신이라는 고루한 장년이 아니라 그 유습을 극복한 새로운 청년의 시대를 열고자 한다.

6) 독일정신, 민족 그리고 언어 등에 대한 비판은 『선악의 저편』, 235-267 참조, *KGW* VI-2, *JGB* 187-212 참조, 영국 정신에 대한 비판은 같은 책, 143-145 참조, *KGW* VI-2, *JGB* 112-113 참조.

7) "그 누구도 [···] 인간과 인간 사이에는 따라서 도덕과 도덕 사이에도 위계질서가 있다는 것을 알려고도 냄새를 맡으려고도 하지 않는다."(『선악의 저편』, 215, *KGW* VI-2, *JGB* 171)

자기는 자신의 생리적 기질과 고유한 덕들을 신체 내의 재분류와 재취합인 긍정적 고독을 거쳐 적극적 힘으로 전화시키고 이 힘을 자신의 덕으로 삼는다.

따라서 데카당스한 도덕의 파괴 자체가 새로운 도덕의 창조이며,8) 신의 파괴 이후에 도래한 실존적 허무가 새로운 도덕을 창조할 원천이다. 허무주의와의 투쟁은 데카당스한 도덕과의 투쟁이자 미래의 도덕을 준비하는 과정이다.9) 이는 또한 인간에게 새로운 가치를 입법하게 하여, 위버멘쉬를 탄생시키려는 시도이다.10)

---

8) "우주는 파괴의 가능성 없이 건설될 수 없을 것이다. 파괴와 창조는 본질에서 본다면, 거의 구별할 수 없다."(Maurice Blanchot, "Reflections on Nihilism: Crossing of the Line", *Friedrich Nietzsche*, ed. Harold Bloom, New York: Chelsea House Publishers, 1987, 38); "새로운 가치평가란 필연적으로 모든 가치들의 재평가인 것이다."(Martin Heidegger, *Nietzsche*, Vol. I - II., trans. David Farrell Krell, New York: HarperCollins Publishers, 1991, 27); Christopher Scott Greenwald, *The Limits of Freedom: Nietzsche's Moral and Political Psychology*, Durham: Duke University, 2001, 245 참조.

9) "니체에게서 허무주의라는 사건이 가치의 재평가를 위한 기획과 그와 같은 극복의 전제조건이라는 것을 우리가 납득하는 것이 꼭 필요하다."(Keith J. Ansell-Pearson, "Nietzsche's overcoming of Kant and Metaphysics: from Tragedy to Nihilism", *Nietzsche-Studien,* Band 16(1987), Berlin·New York: Walter de Gruyter, 312)

10) 니체의 도덕을 규범적·실용적 관점에서 해석하여 전통적 경험주의, 특히 공리주의 입장의 유용성(Utility)에 근거하여 행복의 조건 등을 구성하려는 시도가 있다(예를 들어 김효섭, 「니체의 행복론: 행복의 조건」, 『니체연구』, 제22집(한국니체학회, 2012), 65-97 참조). 그러나 이런 시도들은 그 의도와는 다르게 니체가 '행복'을 아리스토텔레스의 중용의 덕, 영국 경험주의의 전통이나 공리주의의 관점과는 다르게 바라본다는 것을 간과한다. 니체는 행복을 개념적으로 접근하고 구성하려는 윤리학의 경향을 비판한다. 특히 산술적으로 그 가치와 조건을 비교·구성하려는 실용주의적·공리주의적 경향은 그의 비판에서 단연 부각된다. 니체의 인간학은 무엇보다 인간이 가진 현재성, 즉 고통을 포함한 신체의 정동, 존재의 유한성 등에서 시작하며 구성된다. 니체는 "평균인"(Nivellirer)들은 "(…)민주주의적 취향과 그 현대적 이념을 표현하는 능변과 달필의 노예일 뿐(…)"(『선악의 저편』, 74, *KGW* VI-2, *JGB* 57)으로 "그들이 전력을 다해 추구하는 것은 저 무리처럼 푸른 목장의 일반적인 행복, 즉 모든 사람에게 삶의 안전, 무사, 쾌적함과 안도가 있는 행복(…)"(같은 책, 75, *KGW* VI-2, *JGB* 같은 쪽)이라고 비판한다. 그들의 "(…)노래와 교리는 '권리의 평등'과 '고통 받는 모든 자에 대한 공감'"인 바, 이는 "그들은 고통 자체를, 제거해야만 하는 무엇으로 여기기(…)"(같은 책, 같은 쪽, *KGW* VI-2, *JGB* 같은 쪽) 때문이며 "고통에 대한 회의"가 "최후의 거대한 노예 반란"에 기여하였다(같은 책, 84, *KGW* VI-2, *JGB* 65)라고 비판한다. 또한 "쾌락주의이든 염세주의이든 공리주의이든 행복주의이든 쾌락과 고통, 즉 수반되는 상태나 부차적인 것에 따라 사물의 가치를 재는 이러한 모든 사유방식은 표

니체의 도덕에서 신체적 주체는 새로운 도덕적 힘을 창조하는 자유 정신으로 등장한다. 여기서 자유 정신인 입법자가 일반적인 윤리적 규범이나 도덕적 의무 전부를 폐기해야 하는 것은 아니다.11) 이것은 도덕이 파괴되었을 때도 우리는 도덕의 상속자들이며, 과거의 유물인 도덕 감각을 소유하고 있기 때문이다.12) 우리의 정신에는 수천 년에 걸친 도덕의 산출물과 그 유산이 존재하고 있다.13) 여기에는 계승해야 할 것들과 버려야 할 것들이 혼재한다. 그런데도 과거의 도덕을 우선 계승하는 것이 새로운 현재의 도덕을 창조하는 것보다 더 우월한 과제는 분명히 아니다.14) 높은 정신의 소유자는 자신들의 시대를 그것을 넘어선 반시대적 시각으로 고찰하는 반면에 평범한 정신의

면적인 사유방식이자 단순함(…)"인 것으로 비판한다(같은 책, 209, *KGW* Ⅵ-2, *JGB* 166).

11) 국내에서는 니체를 도덕 전반을 비판한 비도덕주의자로 바라보는 입장이 다수인 바, 비도덕주의자인 니체의 도덕비판을 도덕 해체로 이해하는 전제에는 필자도 동의하지만, 이것이 니체가 도덕 전부를 거부하였다고 해석(예를 들어 이상엽, 「니체의 도덕비판」, 『한국철학논집』, 제19집(한국철학사연구회, 2006), 73-103 참조)하는 것은 과잉일 수 있다고 필자는 본다. 일례로 니체가 그의 도덕비판을 로마 시대 이전과 이후로 나누어 수행할 때, 이는 기독교 도덕의 직접적 영향이 그 시대 이후이기 때문일 수 있다. 필자는 니체가 당대의 유럽을 데카당스로 비판할 때 당대의 시대정신에는 이미 도덕의 퇴폐성 등이 포함되어 있는 것으로 이해한다. 또한 필자는 니체가 전통적인 도덕적 세계 해석에 반대하고 미학적으로 세계를 해석하였다는 주장(예를 들어 임건태, 「니체의 도덕적 세계 해석 비판」, 『니체연구』, 제9집(한국니체학회, 2006), 89-120 참조) 또한 니체의 도덕이 그의 미학과 긴밀하게 얽혀있는 것을 간과한 것으로 생각한다. 임건태가 '미학적 세계 해석'을 '도덕적 세계 해석'과 구분한 것은 논의의 편의를 위한 것일 수 있지만 또한 니체의 도덕이 그의 사상에서의 디오니소스성과 연결되어 있다는 것을 간과하였을 수 있다. "1877년 여름에 니체는 그의 일기를 다음과 같이 결단력 있는 말로 시작한다: 나는 내 초기 독자들에게 명백히 말하고 싶다. 나는 그 책들을 본질에서 지배하고 있는 형이상학적이고 예술적인 관점을 포기했다는 것을 말이다: 그것들은 호감이 가나 유지될 수는 없다."(Rüdiger Safranski, *Nietzsche-philosophical biography*, trans. Shelley Frisch, New York: W. W. Norton & Company, 2003. 135)

12) Karl Jaspers, 'Man as His Own Creator (Morality)', 107.

13) Karl Jaspers, 위의 책, 같은 쪽.

14) "보다 높은 정신의 소유자"는 근본적으로 "자신들 시대의 언어를 이해"하는 반면에, "중간치"는 속임수를 단지 그들 조상의 언어 안에서만 알아차린다. 『유고(1884년 초~가을)』, 37 참조, *KGW* Ⅶ-2, *NF* (1884F-H) 37.

소유자는 시대를 전승한 도덕의 범위 안에서만 판단한다.

"니체는 자유 정신을 단순히 도덕적 가치평가에 대립하는 것으로 보기보다는 개인의 자유 정신이라는 이상이 또한 하나의 적극적인 도덕적 창조와 이상인 것을 이제 인식한다."15) 자유 정신은 데카당스한 도덕을 폐기하고, 훌륭한 도덕을 부활시키거나 유습을 대치할 새로운 도덕을 제시한다. 따라서 자유 정신은 도덕을 '선악의 저편'에서 바라본다.16) 이 말이 자유 정신은 일체의 선악의 규정을 떠난 형이상학적 입장에서 도덕을 살핀다는 말은 아니다. 오히려 선악으로 상징되는 도덕의 근거를 파헤치는 메타 윤리학적 입장을 말하는 것이다. 도덕을 도덕 너머에서 바라보는 자는 자기의 도덕을 구성할 관점을 스스로 결정한다.

니체는 자기의 도덕과 타자의 도덕의 상호 충돌에 관해 『도덕의 계보(*Zur Genealogie der Moral*)』(1887)에서 고찰한다. "도덕의 발생사"17)나 '도덕사 연구'는 도덕의 시대적 기원을 설명한다. '도덕학'은 한 시대가 지닌 도덕 감각이자 도덕의 유형학이다.18) 니체의 기획은 전통적으로 분류된 하나의 철학적 입장에서

---

15) Christopher Scott Greenwald, *The Limits of Freedom: Nietzsche's Moral and Political Psychology*, 246.

16) "'선악의 저편'이라는 저 위험한 표제어 […] 이것은 적어도 '좋음과 나쁨의 저편'이라는 의미는 아니다."(『도덕의 계보』, 389, *KGW* Ⅵ-2, *Zur Genealogie der Moral* (이후 *GM*) 302); "모든 철학자는 지금까지 도덕을 정초했다고 믿어왔다. 그러나 도덕 자체는 '주어진 것'으로 여겼다."(『선악의 저편』, 137-138, *KGW* Ⅵ-2, *JGB* 107-108); "sollten wir nicht an der Schwelle einer Periode stehen, welche, negativ, zunächst als die aussermoralische zu bezeichnen wäre."(*KGW* Ⅵ-2, *JGB* 47), "우리는 부정적으로 먼저 도덕 외적인 시대라 불릴 수 있는 시대의 문턱에 있는 것은 아닐까."(같은 책, 61-62)

17) 『도덕의 계보』, 351, *KGW* Ⅵ-2, *GM* 271.

18) "오늘날 유럽에서의 도덕 감각은 섬세하고 말기 단계이며 다양하고 민감하며 세련되었는데 그

시작하는 것이 아니며, 그의 가치 비판이 진리나 지식에 의존해 왔던 기존의 가치 주장들에 오로지 근거하는 것도 아니다. 니체는 객관적 가치에 관한 견해가 아니라 인간의 행위에 영향을 끼치는 가치의 기원이나 의미에 관심을 가진다.[19]

그동안 도덕에 대한 니체의 비판을 주로 의무와 규범 부여로서의 전통적 도덕에 대한 비판, 계보학적 가치 비판에 의거한 도덕의 기반 해체, 그리고 왜곡되었던 자연과 생명의 가치를 복구하기 위한 도덕의 쇄신 등으로 해석하였다. 또한 니체의 계보학을 전통적인 윤리적 실천의 근거와 당위 규범 등의 가치들을 역사적인 탐구로 해체하고 재평가하는 것으로 해석하였다.

니체가 망치로 파괴하고자 하는 형이상학적 가설들은 주로 데카르트적 주체론, 인과론, 언어의 오용에 기인한 사물 분석 등이다. 또한 비판되어야 하는 도덕 가치로서 소크라테스의 인간 중심의 도덕철학, 플라톤적 이데아에 근거한 이념 도덕, 기독교의 신에 토대한 초월의 도덕, 데카르트를 위시한 근대철학자들이 주장한 이성적 도덕 등이다.[20] 필자는 여기에 더하여 니체의 도덕비판은 전통적 윤리학의 범위를 넘어서 문화나 예

에 속하는 '도덕학'은 아직 젊고 미숙하며 서툴고 조야하다 [⋯] 도덕 철학자들은 도덕적 사실들을 단지 조야하게만 자의적으로 발췌하거나 우연히 요약한 것으로만 알아왔고, 즉 그들의 환경과 신분, 교회, 시대정신, 풍토나 지역의 도덕성 같은 것으로 알아왔기 때문에 [⋯] 지금까지의 모든 '도덕학'에는 아직 도덕의 문제 자체가 결여되어 있었다."(『선악의 저편』, 137-138, *KGW* VI-2, *JGB* 107-108)

19) Joshua Peter Andresen, *Nietzsche's Project of Revaluing All Values*, Evanston: Northwestern University, 2005, 3, 9 참조.

20) 임홍빈, 「몸과 이성, 자아: '차라투스트라는 이렇게 말했다'의 한 해석」, 『니체연구』, 제10집(한국니체학회, 2006), 176 참조).

술의 영역까지 확장되는 것으로 본다. 도덕은 삶의 양태를 지속하는 힘이며, 예술과 문화는 그 힘의 직접적 발휘이기 때문이다.[21]

니체는 근대에 처한 인간의 존재 형식을 비판하고 그들의 미래를 다르게 사유하고 구성하고자 한다. 데카당스한 도덕의 극복 또한 하나의 도덕 형식이다. 그러나 데카당스한 도덕과 그것을 극복한 도덕의 차이는 어떠한 도덕이 인간의 힘을 더욱 증진하고 그들의 지위를 더 개선하는가에 달려있다. 따라서 도덕들은 상호 불화하며 충돌한다. 이것은 도덕들 사이의 투쟁이기도 하다. 주체의 존재하는 힘으로 파악되는 도덕은 주체들의 연합인 사회에서 상호 조응하는데 그것은 연합 혹은 대립의 형식을 취한다. 이것은 힘 의지의 한 형식으로서 도덕들이 반드시 취하는 양태이기도 하다.

---

21) "니체에게 최고의 목표는 언제나 문화의 번성이었다. 부르크하르트(Burckhardt)의 존재자의 세 가지 주요 힘-즉, 국가, 종교, 문화 중 문화는 니체에게서 최고의 목표였던 바, 니체는 문화가 모든 것의 중심이 되길 원했다."(Rüdiger Safranski, *Nietzsche-philosophical biography,* trans. Shelley Frisch, New York: W. W. Norton & Company, 2003, 70); '예술'로써 니체의 윤리학을 재구성하려는 국내 시도는 이상엽, 「니체의 삶의 예술철학—탈근대 시대의 새로운 윤리학」, 『니체연구』, 제17집(한국니체학회, 2010), 87-114 참조.

인간을 위한 도덕

니체는 도덕을 "생명의 현상이 발생하는 지배 관계에 관한 학설"22)로도 이해한다. 한 신체 내부에도 무수한 자기 충돌과 투쟁이 발생한다. 신체에서는 각기 다른 정념들이 서로 투쟁한다. 한 정동의 지배 아래 처한 신체성의 상태는 그 정념으로 불리는 상태가 된다. 말하자면 슬픔이 기쁨을 지배한 신체성은 슬픈 상태이다. 반면 기쁨이 슬픔을 제압할 때 그 신체성은 기쁜 상태이다.

각자의 신체성이 교차하며 자신의 정념들을 바로잡는 것처럼 의식도 관념들과 표상들을 교차시켜 자신의 사유 상태를 바로잡는다. 이 상태들의 교차와 개선은 그것을 지지하고 추동하는 힘으로 인해 가능하게 된다. 그러나 힘을 자신의 신체가 아닌 외부의 육체나 정신에 의존하면서 이 힘은 반응적인 영향물이 된다. 도덕은 정동들의 위계에 관해 신체적 주체가 자신을 바로 세우는 힘이며 힘 가치이다.23) 동일하지 않은 개별적 신체

---

22) 『선악의 저편』, 39, *KGW* Ⅵ-2, *JGB* 28.

23) "사유란 충동들 상호 간의 태도일 뿐(⋯)"(『선악의 저편』, 66, *KGW* Ⅵ-2, *JGB* 50); "한 영혼

들의 기질과 충동들은 그것이 특정한 장에서 상호 얽힐 때 연대하거나 충돌할 것이다. 이 연대하거나 충돌하는 각 신체들의 기질과 충동이 그 신체들의 도덕을 주로 결정한다. 그 기질과 충동은 힘 이외에 다른 것이 아니다.

니체는 이 도덕들의 상호 투쟁을 힘의 놀이로도 관찰한다. 도덕들의 경쟁과 투쟁은 힘의 경쟁과 투쟁이다. 그런데 그 도덕들의 경쟁과 투쟁이 이루어지는 세계는 이 세계이다. 따라서 세계는 다양한 힘들과 도덕들이 경쟁하고 투쟁하며, 그 놀이가 행해지는 장소로도 볼 수 있다. 놀이는 세계를 대상으로 펼쳐지는 주체의 힘의 확장과 수축이다. 힘은 부딪히며 충돌하고, 물러서거나 전진한다. 그것은 상승하거나 하락한다. 놀이 자체가 투쟁이며, 투쟁하고자 하는 것은 놀이를 벌이는 것이다. 따라서 니체 사상에서 놀이이자 투쟁을 긍정하는 자가 귀족이며 주인, 강한 자이고, 그 놀이와 투쟁을 회피하는 자가 천민이며 노예, 유약한 자이다. 나아가 놀이이자 투쟁을 긍정하는 문화와 시대가 위대한 문화이자 시대이며, 반대로 놀이이자 투쟁을 고요와 평화로서 제지하고 부정하는 시대가 데카당스한 문화이며 시대이다.

강자들의 힘은 그들의 도덕을 구성하며 약자들의 힘 또한 그들의 도덕을 구성한다. 강자로서 주인의 힘은 고귀하고 적극적인

안에서 어떤 감각 군이 가장 빨리 깨어나게 되고 발언하며 명령을 내리게 되는지가 그 영혼의 가치의 전체 위계질서를 결정하며, […] 한 인간의 가치평가는 그의 영혼의 구조에 관한 어떤 것을 드러내며(…)"(같은 책, 290-291, *KGW* Ⅵ-2, *JGB* 232); "그(니체)는 의지-그러므로 힘에의 의지-를 '정동(Affect)'이라 부른다"(Martin Heidegger, *Nietzsche*, 42, 괄호 원문); "그런데도 (정동(Affect), 정념(Passion), 느낌(Feeling)은 무엇인가? 라는) 문제는 답해지지 않은 채 남아있다. 니체는 자주 이 세 가지를 동일시한다."(Martin Heidegger, 위의 책, 45, 괄호 원문)

데 반해 약자로서 노예의 힘은 비루하고 반응적이다. 고귀함과 비루함도 상호 투쟁하며 제압하려 한다. 그러나 강자와 약자의 힘이 상호 적대적이라고 말하는 것은 적절치 않다. 주인의 힘은 과잉한 낭비이므로 원한에서 유래한 노예의 힘을 제거하려 하지 않는다. 단지 노예들의 유약함이 강자들의 힘으로부터 자신들을 보존하기 위하여 강자들의 힘을 모함하고 변형시킬 뿐이다.

약한 자들은 자신들의 보존을 위한 이상을 제조하고, "약한 것을 기만하여 공적(功績)으로 바꾸려고"[24] 한다. 무력감은 선으로, 복종은 순종으로, 우유부단은 인내로, 복수할 수 없음은 용서로 변하며, 이것들은 선한 이상으로 탈바꿈한다.[25] 니체는 이렇게 **"이상들을 제조"**하는 약한 자들을 "밀담자", "구석에 있는 화폐위조자"로 부르며, 그들이 만들어낸 이상들을 "마술사들의 걸작들", "예술가적 조작"이라 비판한다.[26] 이 "지하실의 동물들"이 "복수와 증오"로부터 만들어낸 '원한'이 바로 그들의 '선'이다.[27] 강자들의 힘과 기질을 원한으로 반박하면서 약한 자들은 그것을 악으로 전도시킨다. 약한 자들은 자기들의 이상에 의해서 강자가 되고자 한다.[28] 따라서 도덕의 문제는 도덕적 가치의 전복의 역사이기도 하다.[29]

---

24) 『도덕의 계보』, 380 참조, *KGW* Ⅵ-2, *GM* 295 참조.

25) 위의 책, 같은 쪽 참조, *KGW* Ⅵ-2, *GM* 같은 쪽 참조.

26) 위의 책, 381-382 강조원문, *KGW* Ⅵ-2, *GM* 296; 화폐위조란 가치가 역사성을 띄면서 의미가 변색하는 것이다. "역사적 가치의 세계에서는 화폐위조가 지배한다."(『선악의 저편』, 293, *KGW* Ⅵ-2, *JGB* 234)

27) 『도덕의 계보』, 382, *KGW* Ⅵ-2, *GM* 296.

28) 위의 책, 383, *KGW* Ⅵ-2, *GM* 297.

> 도덕에서의 노예 반란은 원한 자체가 창조적이 되고 가치를 낳게
> 될 때 시작된다. [...] 노예 도덕은 처음부터 '밖에 있는 것', '다른
> 것', '자기가 아닌 것'을 부정한다. [...] 시선을 자기 자신에게 되
> 돌리는 대신 반드시 밖을 향하게 하는 것—은 실로 원한에 속한
> 다. [...] 노예 도덕의 활동은 근본적으로 반작용이다.[30]

우등과 열등의 관계에서 약자는 자신의 유약함을 단지 힘의
속성에 관한 문제로 본다. 약자는 자신들을 향해 다가오는 강
자의 힘을 그 힘의 본성을 통해 살펴보지 않는다. 약자는 자신
들을 보호하기 위해 강자의 힘이 지닌 생산성을 비판한다. 그
들은 강자의 힘을 비난하며 강자에 맞서는 자신들의 힘의 생산
도 부정하고 그 힘을 다른 방향으로 변용시킨다.[31] 그들은 자
신들의 무력함이 외부에 가하는 책임 전가일 뿐인 원한 감정을
가지면서 그 원한으로 인해 자기들의 힘이 생산적으로 발생하
지 못하는 무력함을 자신들의 책임이 아닌 것으로 변명한다.
그리고 극복하지 못한 자신들의 힘을 선으로 삼고 변호한다.

원한은 자신을 등지는 퇴폐적 도덕을 주로 생산하는 정념이

---

29) 니체가 볼 때 역사적으로 노예 도덕은 로마 시대에 유대인의 도덕으로부터 노예 반란이 출현
하고 그 결과 고대 그리스의 귀족적 가치판단이 몰락하면서 그 위치를 공고화시킨 것이다. 이
는 주인 도덕과 노예 도덕의 대립이다. 위의 책, 354, 363, 367-368, 371-372 참조; *KGW* VI-2,
GM 11, 273, 281, 284-285 참조; 로마인은 강자, 고귀한 자, 귀족적 가치를, 유대인은 성직자
적 민족, 민중 도덕을 상징한다. 역사에서 로마인의 가치는 르네상스로, 유대인의 가치는 기독
교로 이어져, 종교개혁, 프랑스 혁명으로 부활한다. 위의 책, 386-389 참조, *KGW* VI-2, *GM*
300-302 참조; "오늘날 그리스도교인이 스스로가 유대인의 궁극적 귀결이라는 점을 이해하지
못한 채(…)" 『안티크리스트』, 243, *KGW* VI-3, *Der Antichrist* (이후 *AC*), 190)

30) 『도덕의 계보』, 367, *KGW* VI-2, *GM* 284-285.

31) "니체가 유약함이나 노예적인 것으로 부르는 것은 단지 강하지 않다는 것이 아니라 그것이 할
수 있는 것으로부터 그 힘의 종류가 무엇이든 분리되는 것을 말한다."(Gilles Deleuze, *Nietzsche
and Philosophy*, trans. Hugh Tomlinson, London: The Athlone Press, 1992, 61)

다. 원한의 강화는 힘을 데카당스하게 하고, 개인을 퇴폐시킨 다고 말할 수 있다. 원한이 강화되면서 데카당스의 힘도 강화된다. 그러나 이들의 도덕은 가치의 원천인 신에 대한 반응물이자 **"가장 정신적인 복수(die geistigste Rache)"**[32]로 가득한 기독교 도덕의 상관물일 뿐이다. 또한 인간의 힘을 넓은 우주에서 끌어내리고 이성으로만 제한한 소크라테스주의[33]는 "천민의 냄새"[34]가 나는 도덕이다. 기독교·이성적 도덕철학과 연합한 이 비루한 도덕은 번창하여 무분별한 근면인 "영국적 본능"으로, 근대의 실용적 "공리주의"와 "민중적 정신"을 지닌 민주주의 도덕으로 이어진다.[35] 이들에게서 '선'은 단지 "유용하고 유쾌한 것"[36]일 뿐이다.

니체에게 도덕은 대중적 공리주의에서가 아니라 주체의 자각에서 성립한다. 자기의 도덕을 긍정한다는 것은 첫째, 전통적

---

32) 『도덕의 계보』, 363, *KGW* Ⅵ-2, *GM* 281.

33) "니체는 의식에 부여된 과도한 존중, 특히 '모든 것은 선하게 되기 위해 의식되어야 한다'라는 소크라테스의 재앙과 같은 사유를 특히 비판하였다"(Rüdiger Safranski, *Nietzsche-philosophical biography*, 63); 그러나 네하마스는 니체가 소크라테스에 대해 모호한 태도를 보였다고 말하며, 그에 대해 적대적인 태도를 보인 이유는 소크라테스의 독단주의 때문이었다고 주장한다. 알렉산더 네하마스, 『니체, 문학으로서의 삶』, 김종갑 역, 책세상, 1994, 20-21 참조.

34) 『선악의 저편』, 144, *KGW* Ⅵ-2, *JGB* 113.

35) 위의 책, 143-145, *KGW* Ⅵ-2, *JGB* 112-113; "도덕적 가치판단을 지배하는 공리성이 오직 무리의 공리성에 불과한 한(…)"(같은 책, 157, *KGW* Ⅵ-2, *JGB* 123); "민주주의 운동은 그리스도교적 운동의 유산을 상속한 것이다"(같은 책, 161, *KGW* Ⅵ-2, *JGB* 127); "평등한 권리와 요구를 지닌 왜소한 동물(…)"(같은 책, 165, *KGW* Ⅵ-2, *JGB* 129-130); "오늘날에는 반대로 유럽에서 무리 동물만이 영예를 얻고 분배하며, '권리의 평등'은 너무나 쉽게 옳지 않은 평등으로 전환될 수 있다"(같은 책, 191, *KGW* Ⅵ-2, *JGB* 151); "'진보'란 한갓 현대적 이념에 불과하며, 잘못된 이념 중 하나이다. 오늘날의 유럽인은 그 가치 면에서 르네상스 유럽인보다 훨씬 밑에 있다"(『안티크리스트』, 217, *KGW* Ⅵ-3, *AC* 169); "다수가 지배자가 되었고; 그리스도교적 본능의 민주주의가 승리했다"(같은 책, 292, *KGW* Ⅵ-3, *AC* 230); "무리 공포심의 명법을 […] '진보'라 불리고 있다."(『선악의 저편』, 160, *KGW* Ⅵ-2, *JGB* 125)

36) 위의 책, 145, *KGW* Ⅵ-2, *JGB* 113; "노예의 도덕은 본질에서 유용성의 도덕이다."(같은 책, 278, *KGW* Ⅵ-2, *JGB* 221)

인 도덕 관점들과 차이를 두고, 이를 자기로부터 재구성하는 비도덕주의(Immoralismus)를 출발점으로 삼게 된다. 니체가 자신을 비도덕주의자[37]로 지칭하는 것은 도덕을 힘의 양태로 보고, 그 차별화된 도덕들을 신체적 주체가 수용하거나 거부하기 위한 거리를 확보하기 위해서다. 둘째, 도덕을 힘으로서 사유하고, 이 힘을 내재화할 때 도덕은 자기라는 주체가 가지고 있는 힘을 상승시키기 위한 힘의 배치의 문제로 바뀐다.

힘의 상승은 타자와 차별되는 자기의 고유성과 주체의 현재를 긍정해야 가능하다. 따라서 차별적 도덕과 힘의 긍정인 니체의 도덕은 거리의 파토스와 고귀한 도덕을 필요로 하게 된다.[38] 이것은 도덕이란 존재하는 힘이며 거리의 파토스는 타자로부터 차별된 주체의 힘을 생산하기 때문이다. 따라서 자기의 덕을 구성하는 문제는 자기의 힘의 상승을 위한 자기의 구성 문제이자 자기의 힘을 정렬시키는 문제이기도 한 것이다. 따라서 각자는 자기의 덕을 의욕하고 발현해야 한다.

니체가 전통적 도덕을 파괴해야 한다고 말할 때, 그 대상은 자기의 힘의 활동을 방해하는 타자의 도덕이면서, 자기의 덕을 방해하는 자신 내부의 비루한 힘과 도덕이다. 그렇다면 도덕은 인간의 우월성을 위한 것이어야 하며 그 밖의 것은 부차적이게

---

37) 『우상의 황혼』, 84, *KGW* Ⅵ-3, *Götzen-Dämmerung* (이후 *GD*), 59; 『선악의 저편』, 62, 211, *KGW* Ⅵ-2, *JGB* 47, 168.

38) "도덕이란 인간의 위계질서에 대한 학설이며, 따라서 인간의 행위와 업적이 이러한 위계질서에 대해 갖는 의미에 대한 학설이기도 하다: 즉 모든 인간적인 것에 관한 인간적 가치평가에 대한 학설이다. 대부분의 도덕 철학자들은 단지 현재의 지배적인 위계질서를 표현한다."(『유고 (1884년 가을~1885년 가을)』, 306, *KGW* Ⅶ-3, *NF (1884H-1885H)* 232)

된다.39) 결국 한 시대의 인간이 지니는 규범적 가치와 그 토대인 파토스를 제어하는 것으로서 도덕은 그 시대의 인간의 힘 작용과 분리될 수 없다.40)

> 모든 시대에는 또한 자기가 가진 힘의 정도에 따라 어떤 덕들이
> 그 시대에 허용되고, 금지되는지에 대한 척도가 있다. 한 시대는
> 상승하는 삶의 덕들을 갖거나: 이러면 그 시대는 하강하는 삶의
> 덕들에 맞서 가장 근본적인 이유를 가지고 저항한다. 아니면 그
> 시대 자체가 하강하는 삶이다.41)

니체가 볼 때 역사적으로 고찰된 도덕의 판단 척도는 그 시대의 인간의 힘의 고양과 쇠퇴이다. 니체는 이 힘이 응집한 강도로서 상승하거나 하강하는 것을 설명하면서 세계를 평가한다.

여기서 니체가 도덕을 바라보는 관점은 전통적인 도덕철학의 관점과 충돌한다. 전통적인 도덕 철학자들은 이성적 사유 아래 만인을 이롭게 할 수 있는 규범들을 도덕적이라 평가하였으나, 니체는 자기의 생리적 기질과 힘을 발전시키는 것을 도덕적이라 평가한다.42) 그러므로 니체의 도덕에서 주체는 새로운 도덕

---

39) Georg Simmel, *Schopenhauer and Nietzsche*, trans. Helmut Loiskandl, Deena Weinstein, and Michael Weinstein, University of Massachusetts Press, 1986, 161-81, in Georg Simmel, ''The Morality of Nobility' in *Nietzsche*', *Critical Assessment-On Morality and The Order of Rank*, Vol. Ⅲ., ed. Daniel W. Conway with Peter S. Groff, London・New York: Routledge, 1998, 305.

40) "예전의 도덕—철학자 모두에게서 볼 수 있는 저 엄청난 위선의 불운. 그들은 덕과 힘을 분리하기 위해 인간이 지니고 있는 환상을 배워 익혔다. [⋯] 소크라테스 이후 덕은 잘못 이해되어 왔다"(『유고(1884년 초~가을)』, 87, *KGW* Ⅶ-2, *NF (1884F-H)* 64); "도덕. 이것은 더 이상은 한 민족<의> 생존과 성장 조건에 대한 표현이 아니다. 더 이상은 그 민족의 가장 심층적인 삶의 본능이 아니다. 오히려 그것은 추상화 되어버렸고, 삶의 반대가 되어버렸다."(『안티크리스트』, 246, *KGW* Ⅵ-3, *AC* 192)

41) 『바그너의 경우』, 66, *KGW* Ⅵ-3, *Der Fall Wagner* (이후 *WA*) 44.

을 창조하는 자유 정신으로 등장한다.43)

　니체는 '자유 정신의 소유자'를 '자유 사상가'와 구분한다. 자유 사상가는 "현대적 이념의 용감한 대변인"인데 반해, 자유 정신의 소유자는 "고독의 친구들"이며 "새로운 철학자"이다.44) 자유 정신은 자신에 의존하나, 관습은 이를 제어한다.45) 자유 정신은 도덕을 넘어 새로운 도덕을 바라보고자 한다. 자유 정신에게 새로운 도덕은 자기로부터 비롯하는 힘의 확장이다. 그런데 사회의 도덕은 도덕까지도 창조하려 하는 자유 정신을 구속하고자 한다. 따라서 니체에게서 자유 정신의 도덕은 사회의 도덕과 불화하기 마련이다. 사회의 도덕은 약자를 다수로 만들고 비루한 다수의 이익은 공동체의 이익으로 변용된다. 반면에 귀족적 강자로서 자유 정신들인 소수의 이익은 이것에 희생된다.46)

---

42) "니체는 초월 없는 창조나 신 없는 자아란 두 가지의 결론으로 이끌어진다고 말한다. […] 창조적 자유가 초월 대신에 무를 대면할 때(자신 외에 아무것도 외부에 놓지 않을 때, 그 결과 유한성은 진지하게 고려될 수 없다), (1) 창조가 어떤 타당한 기준도 적용되지 않는 **순간의 실제성으로 절대화**(*absolutized as a temporal actuality*) 되거나, (2) **신성화**(*Deified*)된다. 니체는 (1)의 결론을, 신화는 (2)의 결론을 도출한다."(Karl Jaspers, 'Man as His Own Creator(Morality), 113, 이탤릭체 강조원문); "니체의 초월(혹은 이상주의)에 대한 비판과 내재적인 철학적 관점에 대한 강조는 금욕적 이상, 그리하여 도덕을 보존하려는 형태에 지속해서 계속되었다."(Berry Seth Gilbert, *"We Knowers": The Morality of Knowledge in Nietzsche's Genealogy*, Boston: Boston University, 1994, 15)

43) "중요한 것은 도덕을 숙고하는 사람이 적으면 적을수록 좋다는 것이며, […] 도덕이 언젠가는 관심을 끌지 못한다는 사실이다."(『선악의 저편』, 213, *KGW* VI-2, *JGB* 169)

44) 위의 책, 74-77, *KGW* VI-2, *JGB* 57-59.

45) "자유로운 인간은 모든 점에서 관습이 아니라 자신에 의존하기 때문에 비윤리적이다."(『아침놀』, 24, *KGW* V-1, *Morgenröte* (이후 *M*) 18)

46) "도덕은 이런 비소한 사람들에 의해 독점되었다―이들은 도덕을 가지고 무엇을 할 수 있는지를 알고 있다!"(『안티크리스트』, 277, *KGW* VI-3, *AC* 218)

이러저러한 악덕보다 더 해로운 것은 무엇인가? ―모든 실패자와 약자에 대한 동정 행위―그리스도교...47)

주인은 조상의 풍습을 넘어서고 창조해야 하며, 입법자, 반신이 되어야 한다.48) 우리는 한 행위의 가치를 결정하기 전에 어떠한 종류의 사람이 그 행위를 수행하는가에 관심을 기울여야 한다.49) 따라서 "도덕은 언제나 개별자들의 윤리적 삶의 향상을 위해 봉사해야 한다. 그 외에 다른 것은 아니다."50)

> 항상 문제가 되는 것은 그가 어떤 사람이며 다른 사람은 어떤 사람인가 하는 것이다. 예를 들어 명령하도록 정해져 있고 만들어진 어떤 사람에게는 자기 부정이나 겸손한 후퇴는 덕이 아니라, 오히려 덕을 낭비하는 것이다. [...] '한 사람에게 옳은 것은 다른 사람에게도 올바르다'라고 말하는 것이 부도덕함을 이들 도덕이 서로 명료하게 인식할 때까지 말이다.51)

이제 신체적 주체로서 고유한 도덕을 생산하는 자기를 어떻게 실현할 것인지가 문제 된다. 니체가 도덕적 자기의 실현에서 주목하는 문제 가운데 하나가 양심의 문제이다. 도덕은 삶

---

47) 위의 책, 216, *KGW* Ⅵ-3, *AC* 168.

48) 『아침놀』, 25, *KGW* Ⅴ-1, *M* 18.

49) Philippa Foot, New York Review of Books, Vol. 38., no.11, 13, June 1991(revised), in Philippa Foot, "Nietzsche's Immoralism", *Nietzsche-Critical Assessment, On Morality and The Order of Rank*, Vol. Ⅲ., ed. Daniel W. Conway with Peter S. Groff, London · New York: Routledge, 1998, 52-53.

50) Daniel W. Conway, *Nietzsche and the Political*, Routledge, 1997, 28-42, 146-9, in Daniel W. Conway, "The Uses and Disadvantage of Morality for Life", *Nietzsche-Critical Assessment*, Vol. Ⅲ, 21.

51) 『선악의 저편』, 203, *KGW* Ⅵ-2, *JGB* 161-162.

을 위한 것인데, 삶의 본질인 자연과 생명을 방기하는 사유는 반자연적이며 이질적이다.

> 양심이란 보통 믿고 있는 것처럼 '인간 내부의 신의 음성'이 아니
> 다―양심은 더 이상 외부를 향해 폭발할 수 없게 된 다음에 자기
> 를 향해 반전하는 잔인함의 본능이다.[52]

니체는 기독교 도덕이 인간에게 양심의 가책을 주입하였다고 본다. 여기서 양심이 자기의 자율적 제어 능력을 말한다면 이는 가책 받는 양심이 아니다. 니체가 비판하는 양심은 기독교가 반 생명적 도덕을 입혀놓은 양심의 가책(Schlechtes Gewissen)이 다. 양심이 반자연적·도덕적 관점에 의해 제어될 때 양심은 자 신을 향한 가책을 갖게 된다. 양심의 가책은 필연적 자연을 인 위적 선악으로 평가하는 기독교 도덕의 발명품이다.

니체에 의하면 "인간을 구원하기 위해 신 스스로 십자가에 못 박힌다는 저 상상할 수 없는 마지막 극단적인 잔인함의 신 비"[53]가 기독교에는 내재한다. 잔인함은 타인의 고통에만 관계 되는 것이 아니라 자기 자신의 고통에서 쾌락을 느끼는 것에도 존재한다.[54] 자기 자신을 향한 이 위험한 잔인성[55]은 기독교

---

52) 『이 사람을 보라』, 442, *KGW* Ⅵ-3, *EH* 350.

53) 『도덕의 계보』, 365, *KGW* Ⅵ-2, *GM* 283.

54) 『선악의 저편』, 217, *KGW* Ⅵ-2, *JGB* 172-173.

55) 위의 책, 같은 쪽, *KGW* Ⅵ-2, *JGB* 같은 쪽; 자신을 향한 잔인함인 양심의 가책이 과도하게 될 때 이는 도덕의 우울함이 되어 삶을 죽인다. 이렇듯 "모든 인식의 의욕에는 한 방울의 잔인성 이 포함되어 있(…)"으며, "우리가 더 높은 문화라고 부르는 거의 모든 것은 잔인함이 정신화 하고 심화한 데 바탕을 둔 것이다."(같은 책, 216-217, *KGW* Ⅵ-2, *JGB* 172-173)

도덕에서 극에 달한다. 양심의 가책이란 일종의 "사악한 시선 (böser Blick)"⁵⁶⁾이다. 양심은 기독교적 도덕의 반영으로서 생성을 유죄로 바라보게 하고 개인의 깊은 심연까지 도덕적으로 판단하게 하는 내면의 감시자이다. 양심에 도덕적 판단을 개입시키면서 인간은 자기의 생성의 죄에 대한 양심의 가책을 가질 수밖에 없다.⁵⁷⁾ 니체는 죄책감이나 자기 부정을 낳는 양심의 가책이 아니라 자기 극복과 자기 긍정에 기반을 두어 강한 삶을 살 수 있어야 한다고 보았다. 도덕을 극복하는 자의 덕은 자기의 오류를 타자에 대한 원한으로 돌리지 않으며, 자기의 결핍을 양심의 가책으로 비난하지도 않는다.

니체는 인간을 사물화하거나 약하게 만드는 도덕에 반대한다.⁵⁸⁾ 존재자의 무죄와 그들의 필연적 운명성⁵⁹⁾을 말하면서 니

---

56) 『이 사람을 보라』, 349, *KGW* Ⅵ-3, *EH* 276.

57) 백승영은 양심을 양심의 가책과 구분하여 양심(Gewissen)은 양심의 가책(Das schlechte Gewissen) 과 다른 것으로 본다. 김주휘는 'Das schlechte Gewissen'을 '자신에 대한 나쁜 감정'으로 번역한 다. 김주휘, 「인간학적 문제로서의 삶의 부정」, 『니체연구』, 제18집(한국니체학회, 2010), 12 참 조. 김주휘는 양심의 가책에서의 양심은 병일 뿐이며, 오히려 양심은 선한 양심(Das gute Gewissen)이라고 주장한다. 즉, 양심은 극복되어야 하는 병도, 반자연적인 것도 아니며 주권적 의미의 양심은 인간이 회복해야 하는 진정한 양심(『도덕의 계보』, 399 참조, *KGW* Ⅵ-2, *GM* 310 참조)이라고 주장한다. 백승영, 「토픽맵에 기초한, 철학 고전 텍스트들의 체계적 분석 연 구와 디지털 철학 지식지도 구축, 니체, 『도덕의 계보』」, 『철학사상』 별책, 제5권, 제9호 (2005), 65 참조. 그러나 필자는 니체가 '양심의 가책' 뿐만 아니라 '양심'이라는 개념 또한 도 덕적 관점으로 바라본다고 생각한다(『도덕의 계보』, 제2 논문 3의 399, 6의 406 참조, *KGW* Ⅵ-2, *GM* 310, 316 참조). 인간의 내재적 양심으로서 주권적 양심을 긍정하는 백승영의 견해 로 본다면 채무 관계·형벌과 관련한 외부적 가학, 이에 반응하는 내부적 가책으로서의 양심 이 개인의 내생적인 도덕관념으로서 비추어질 여지가 있다. 한편 질 들뢰즈는 양심의 가책을 힘의 방향과 연계하여 살핀다. 적극적인 힘과 반응적인 힘을 대별시킨 다음, 반응적인 힘으로 서의 원한이 자신의 내부로 향한 것 즉, 가책에서 죄책감(양심의 가책)의 탄생을 본다. 그리고 이 가책의 문제는 고통으로 이어지고 다시 사제들의 도덕으로 발전하여 체계화됨을 말한다. 질 들뢰즈, 『니체와 철학』, 228-236, 248-251 참조. 요약하면 백승영은 양심과 양심의 가책을 대별하여 전자는 주권적 개인의 탁월성으로 보면서, 후자를 니체가 비판하는 원한의 인간이 내면화시켰다고 주장하는 반면에, 김주휘는 양심(자신에 대한 좋은 감정)과 양심의 가책(자신 에 대한 나쁜 감정)을 대별하되 양심의 가책이 긍정적, 부정적 역할을 모두 수행한다고 보았 다. (김주휘, 위 논문, 참조)

체는 개인을 구제하여 다시 힘 있는 주체로 사회에 등장시키고 자 한다. 니체는 생명을 긍정하기 위해 기독교의 발명인 죄를 삭제하고, 생명의 순진무구(純眞無垢)함을 회복시킨다. 지성의 가식이 없고 기독교의 원죄로 물들지 않은 어린아이의 놀이 (Spiel)는 순수에 대한 무한의 긍정이다.[60] 따라서 이제 니체에게서 핵심적인 문제인 자기의 문제가 나타난다.[61]

> 모든 사람은 자신의 존재를 계획의 목표로 삼아야 한다.[62]

자기는 각자의 삶을 스스로의 의지로 이루고자 하는 주체이다.[63] 그러나 또한 자기는 그 내부에 차별되는 다른 자기로 구성되어 있으며, 각기 다른 힘들을 그 다수로서의 주체에 포함하고 있다.[64] 그러나 근대사회에서 추상되어 구성된 자기는 다

---

58) "인간을 **사물**로서 이용하지 마라!"(『유고(1875년 초~1876년 봄)』, 212, 강조원문, *KGW* Ⅳ-1, *Nachgelassene Fragmente Anfang 1875 bis Frühling 1876* [이후 *NF (1875A-1876F)*], 166)

59) "니체에게서 필연성이라는 개념은 결정론적인 것이 아니라 오히려 필연성과 자유가 동일한 스피노자의 개념에 근접한다. 필연성은 외부적 힘에 의해 강요된 것에 반대하는 **내적** 필연성이다."(John Stambaugh, "Thought on the Innocence of Becoming", *Nietzsche Studien,* Band 14(1985), Berlin·New York: Walter de Gruyter, 169, 강조원문)

60) "네 유일한 계명은: 순수하라!"(*KGW* V-2, *FW* 39, 『즐거운 학문』, "순수(Innocence)라는 개념은 니체 철학에서 그 의미가 명백히 다루어지지는 않을지라도 중요한 역할을 한다"(John Stambaugh, 위의 책, 170, 괄호 필자); "그 자신을 넘어 창조하기를 원하는 자는 누구든지 가장 깨끗한 의지를 지니고 있다. […] 욕구해야 할 순수는 너를 넘어서 창조하는, 넘어서는 의지에 있다."(John Stambaugh, 같은 책, 176)

61) 네하마스는 그동안 니체가 자아의 동일성에 부여한 중요성은 너무 과소평가 되어 왔다고 주장한다. Wayne Klein, "The philosopher as writer: form and content in Nietzsche", *New Nietzsche Studies,* Nietzsche Society, Vol. 2, No. 3&4(41-62), Summer 1998 참조.

62) 『유고(1882년 7월~1883/84년 겨울』, 149, *KGW* Ⅶ-1, *NF (1882J-1883/84W)* 117.

63) "내가 올라가는 곳이면 어디든지 '자아'라고 불리는 나의 개가 나를 따라온다."(위의 책, 214, *KGW* Ⅶ-1, *NF (1882J-1883/84W)* 167)

64) 위의 책, 214, 287 참조, *KGW* Ⅶ-1, *NF (1882J-1883/84W)* 167, 224 참조.

수 중의 하나인 일면적 주체로만 남을 뿐이고 결국 소멸하게
된다.65) 주체가 근대가 구성한 다수 중의 하나에 불과할 뿐인
일면적 주체로부터 탈출하여, 독립적이고 창조적인 자기를 다
시 의욕할 때 그는 삶의 주인이 되고 나아가 위버멘쉬를 구현
할 수 있다.66) 따라서 다수의 획일성에서 벗어난 주체들은 자
신들만의 천 가지 삶의 방식을 고안해야 한다.67) "**강자**는 **자신**
을 척도로 삼기" 때문이다.68)

자기를 방기하는 운동은 퇴폐적이며 노예적이다. 우리가 외
부에 최초의 동인(primum mobile)을 상정하는 것은 생성하는
것에 대한 불신이며 경시일 뿐이다.69) 플라톤은 "도덕 안에 있
는 자연성을 이해하려 하지 않았고, (…)"70) 생명을 정직하게

---

65) 위의 책, 217 참조, *KGW* Ⅶ-1, *NF (1882J-1883/84W)* 170 참조.

66) 위의 책, 274 참조, *KGW* Ⅶ-1, *NF (1882J-1883/84W)* 214 참조; 니체가 말하는 고독은 신체의
외부로부터의 분리나 절연을 말하는 것이 아니라 이미 세계와 타인을 포함하여 배양된 힘을
자기 내부에 질서 지우기 위한 운동이다. 고독을 지성으로 수행할 때 절연과 도피의 정지가
된다. 자기의 덕에 대한 회피는 자기로 가는 힘인 고독 또한 견디어내지 못하므로 고독은 악
으로 비난받고 완성되지도 못한다. 차라투스트라에게 고독이란 신체를 다시 살피는 관찰이며,
훈련이다. 고독은 자기의 수동적 힘을 능동적으로 변용시키기 위한 용기의 단계이다; 도덕의
적대자인 자유 정신이 수행하는 고독은 모든 사회에서 죄이며(같은 책, 133 참조, *KGW* Ⅶ-1,
NF (1882J―1883/84W) 105 참조), 자신의 덕은 처벌을 감수해야 한다(같은 책, 151 참조,
KGW Ⅶ-1, *NF (1882J―1883/84W)* 118 참조). 그런데도 도덕은 자유 정신에 의해 극복된다
(같은 책, 146 참조, *KGW* Ⅶ-1, *NF (1882J-1883/84W)* 115 참조); "비록 니체가 어떤 사상가
보다도 고독을 칭송하였지만, 어떤 사상가도 니체만큼 그의 독자들에 대한 많은 관심을 저서
에 표현하지는 않았다"(Michal Platt, "What does Zarathustra whisper in life's ear?", *Nietzsche
Studien*, Band 17(1988), Berlin・New York: Walter de Gruyter, 181); 니체가 자신의 위대한 삶
에서 최고로 간주할 때는 그가 고독에 둘러싸여 있는 시기였다(Michal Platt, 같은 책, 183 참
조). "차라투스트라에게 최고의 지혜로운 순간이란 고독한 순간이며(…)"(Michal Platt, 같은
책, 189)

67) 『유고(1882년 7월~1883/84년 겨울』, 235 참조, *KGW* Ⅶ-1, *NF (1882J-1883/84W)* 183 참조.

68) 위의 책, 374, 강조원문, *KGW* Ⅶ-1, *NF (1882J-1883/84W)* 297; "더 강한 자가 자신의
행복한 상태를 비로소 덕으로 규정하는 것이다."(같은 책, 329, 강조원문, *KGW* Ⅶ-1, *NF
(1882J-1883/84W)* 259)

69) 『유고(1887년 가을~1888년 3월』, 40 참조, *KGW* Ⅷ-2, *Nachgelassene Fragmente Herbst 1887
bis März 1888* [이후 *NF (1887H-1888M)*] 29 참조.

바라보지도 않았다. 따라서 초월적 이데아를 목표로 삼은 플라톤 철학이나 존재하지 않는 보편적 절대 선으로부터 도덕을 도출한 칸트철학은 주체가 기원이 된 운동만을 긍정적 운동으로 바라보는 니체의 비판을 벗어나지 못한다.

플라톤은 이데아로 칭해지는 목표를 현재적 인간의 외부에 설정하였다. 존재하지 않으므로 이데아를 향한 시뮬라크르(simulacre)들의 운동은 무한히 지속된다. 플라톤에서의 운동은 외부에 위치하나 사실은 존재하지 않는 형상을 향한 운동이다. 또한 칸트에게서 자율은 주체가 자신과 세계와의 합의를 끌어낸 자율이다. 세계와 호응하지 않는 주체의 무분별한 자율은 자율로서 위치하지 못한다. 그러나 또한 그가 말하는 자율은 자신과 세계와의 합의를 벗어나지 못하는 자율이다. 그 합의란 법이며 도덕이다. 그렇다면 칸트에서 주체는 자신보다 위에 법·도덕을 상정하게 되며, 자신과 법·도덕과의 일치는 실제로는 법·도덕에 주체를 포용시키는 것이 된다. 즉 플라톤에게서의 운동은 이념이 주체를 끌어올리는 운동이며, 칸트에게서의 운동은 주체가 법과 도덕에 자신을 맞추는 운동이다. 이에 반해 니체에게서 주체의 운동은 외부를 삭제하고 내부에서 외부를 구성하는 운동이다. 즉 니체는 외부의 목표와 법을 제거하고 오로지 주체에게서 그것들을 구성해내려는 운동이

---

70) 위의 책, 291, *KGW* Ⅷ-2, *NF (1887H-1888M)* 246.

다. 그리고 그 중요한 토대는 신체이다.

강자는 외부에 주어진 전통적 도덕규범을 비판하며, 자신의 힘을 고양하는 생명력으로 자기의 덕을 만들어 나간다. 자기는 덕을 힘으로 삼으며, 자기의 덕은 자신의 필연적 운명을 긍정하고, 자신의 자연적 생명력을 옹호해야 한다.[71] 자기의 덕은 정형화된 외래적 규범이 아닌 변형과 운동 중에 있는 자신의 도덕적 힘을 지속해서 생산하고, 그 힘을 운명적 삶으로 전개하는 것이다. 자기는 자신의 힘을 도덕으로 구현하며, 자기의 도덕을 자기의 운명으로 전개한다. 신체적 주체의 힘의 구현과 도덕의 전개는 그의 운명으로 펼쳐진다. 그런 의미에서 신체적 주체는 자기를 실현한다.

이것이 니체의 도덕이 미학과 긴밀하게 결합한 이유이기도 하다. 즉 니체에게서 도덕은 삶의 구현이며 전개이자, 힘의 생산과 방출이며, 주체를 억압하는 유·무형의 형식적 틀에 대한 파괴이다. 그리고 그것을 통해서 자기의 삶을 창조하며 만들어 낸다. 그것은 자기의 삶을 미학적으로 조형하여 실현하는 새로운 도덕과 다른 것이 아니다.

---

71) "사람들은 '자연'을 오해하는 것이다ㅡ; 지금까지 도덕주의자는 이렇게 해왔다. 도덕주의자들은 원시림이나 열대를 증오하는 것처럼 보이지 않는가?"(『선악의 저편』, 152, *KGW* Ⅵ-2, *JGB* 119)

인간의 자기실현: 미학적 조형 가능성

　니체에게 자기실현으로서 삶의 미학적 조형이라는 문제는 다음을 전제한다. 첫째, 니체에게서 전통 도덕에 대한 비판은 미래의 새로운 도덕에 대한 요구로 이어진다. 전통 철학에서 고찰된 행위 격률로서의 도덕의 형식은 그 한계를 드러낸다. 따라서 새로운 도덕을 위해 니체는 도덕 너머의 도덕, 형식을 극복한 형식의 문제로서 이것을 미학적으로 고찰한다. 둘째, 그렇다면 니체 사상에서 도덕과 미학은 서로 다른 분야의 형식을 결합하는 것이 아니라 도덕이 제공할 새로운 내용을 미학적으로 다시 주조(鑄造)하는 것이다.[72] 즉 니체에게서 새로운 도덕은 미학적 지평으로 확장된 힘이 된다.[73] 니체는 인간의 자기

---

72) 현대에는 그렇지 않지만 18세기에는 과학과 예술은 상호 교차 사용되었다. 니체는 진리와 지식에 대항하여 예술을 존중한다. 그에게서는 학문(science)과 예술(art)은 일치한다. 이는 하이데거에게서 techne와 poiesis로 구분되고 계승된다. 니체와 하이데거에게서 학문의 문제, Wissenschaft 와 science의 의미에 대해서는 다음 참조. Babette E. Babich, "'The problem of science' in Nietzsche and Heidegger", *Revista Portuguesa de Filosofia*, T.63(2007), 210-214 참조, 괄호 원문; Wissenschaft 와 Leidenschaft 의 차이에 대해서는 같은 책, 216 참조; "니체는 이성의 다른 '쓰임'들을 각기 구분하지 않았다. 오히려 순수한 '이론적' 사유가 심리학적 혹은 '실용적' 갈망이나 '의미' 추구와 혼합되어 있는 성격을 강조했다."(Martin Pasgaard-Westerman, "Self, freedom and knowledge in Nietzsche", Universitaet Heidelberg, 410)

73) 『유고(1881년 봄~1882년 여름)』, 459; *KGW* V-2, *NF (1881F-1882S)* 369; "예술을 가지고 도덕화에 맞서 싸운다."(『유고(1887년 가을~1888년 3월)』, 535); 니체는 당대의 진리개념, 도

실현으로서의 삶의 창조 형식을 도덕과 미학 각각의 영역을 통해 관찰하기도 하고, 도덕과 미학의 경계를 무너뜨려 관찰하기도 하는 것이다.74) 즉, 그에게서 도덕은 미학으로 개선되어야 할 대상이 된다.

니체에게서 도덕은 선험적인 것이 아니라 형성되는 것이다. 도덕은 정형적 형태로 인간에게 작용하는 선천적 규율이 아니라 지속해서 인간이 생산하며 인간에 작용하고 지속해서 영향을 미치는 힘이다. 그래서 자기실현의 문제는 힘의 문제이면서 동시에 그 힘의 배양과 실현의 문제이다. 도덕이 외부에서 작용하는 하나의 규범일 때 주체의 힘은 그것과 충돌한다. 주체는 그 도덕을 자기의 행위 양식으로 수용할 것인가 아니면 거부할 것인가의 기로에 선다. 만약 후자일 경우 주체는 다시 그 도덕을 넘어선 새로운 삶의 형식을 창조할 것인가 아니면 그 형식마저 거부한 자기 방기로 들어설 것인가의 문제에 봉착한

덕개념을 미학적 개념으로 대체하여 삶을 활성화하려 노력하였다. 그렇게 도출된 대체 개념들이 니체의 사상에서 그 뼈대를 이루는 주요 개념들로 등장하는 것이다: "항상 니체를 곤혹스럽게 했던 문제는 예술과 진리의 관계였다. **비극의 탄생**에서도 납득하기 어렵게 전개된다. '진리'라는 단어에 주어진 의미가 무엇이든 간에 '예술'의 끝없는 변이들 중에서 공통의 지칭어를 발견하는 것은 가능하지 않았다."(Erich Heller, "Nietzsche-Philosopher of Art", Meeting of the North American Nietzsche Society on December 29, 1980, in Boston, Massachusetts, *Nietzsche Studien*, Band 12(1983), Berlin·New York: Walter de Gruyter, 443, 강조원문)

74) 이러한 논지에서 김정현은 "삶을 가능하게 만들고 현존재를 정당화하는 예술은 니체에게 있어서 미학적 차원뿐 아니라 윤리적 차원도 포함한다. 니체는 […] 미학과 도덕의 전통적 이원론을 극복한다"라고 말한다. 김정현, 『니체의 몸 철학』, 217; 이상엽 또한 "니체는 삶의 예술철학의 형태에서 새로운 윤리학의 정초를 시도했던 선구자 중 한 사람이다. 니체는 법칙, 규범, 금지 등과 같은 코드를 토대로 하는 윤리학이 아니라 삶의 양식(스타일)에 정향된 윤리학을 고안하려 했다. 삶의 예술철학은 인간의 존재 방식과 삶의 형식을 다양성 속에서 살펴보는 동시에 윤리의 물음을 삶의 예술의 물음으로 전개하는 것이다."라고 주장한다. 이상엽, 「니체의 실천철학: 니체의 삶의 예술철학-탈근대 시대의 새로운 윤리학의 시도」, 『니체연구』, 제17집 (한국니체학회, 2010), 89.

다. 그러나 자기 방기는 자기의 삶을 거부하는 것이므로 그것은 도덕의 극복이 아니라 도덕과 자기를 모두 거부하는 결과를 낳는다.

그렇다면 이제 문제는 주체가 도덕 이후의 어떠한 양태의 삶을 선택할 것인가의 문제이다. 여기서 니체가 예술로 도덕의 한계를 극복하려 한 의도를 살펴보아야 할 것이다. 전통적으로 예술과 도덕은 각기 다른 삶의 양식이었다. 예술은 신체의 정동을 위주로 한 감각적 사려의 형식이고, 직관적 창조의 문제가 주를 이룬다. 그러나 도덕은 이성적 사유의 결과물로 행위의 옳고 그름과 그것에서 도출한 격률이 인간의 실천에서 과연 보편적이거나 타당할 수 있는지의 문제를 다룬다. 니체의 문제의식은 지금까지는 지나치게 도덕적 의식이 인간 사회를 장악하고 있었다는 것이며 그것으로 인해 인간이 유약해져 있었다는 것이다. 그 이유는 정신과 육체를 지닌 한 인간의 전부를 사유하지 않고 정신적 사유 법칙의 과도한 확장으로 인해 육체의 정동이나 그 힘의 생산성이 비하되거나 무시되었다는 것이다. 또한 정신도 이성의 합리적 사유 법칙에만 그 활동이 구속되어 논리와 사유 법칙의 추종 아래 정신적 직관이나 신체적 정동 등의 활동 영역을 지나치게 협소화시켰다는 것이다.

이것으로부터 행위와 실천의 문제로서 전통적 도덕은 주체와 타자의 관계에서 그 한계를 여실히 드러내는데 그것은 바로 경직된 사회와 퇴락한 문화로 나타나는 것이다. 필자가 볼 때 신체성 전부를 사유한 니체가 도덕과 예술의 문제를 같이 사유하고 도덕의 한계를 예술로서 극복하고자 하는 것에는 이러한 문제의식이 작동하고 있는 것이다.

그런데 주체의 자기실현 문제를 미학적으로 다루는 것은 그리 단순하지 않다. 이것은 주체의 문제가 보편성과 동일성이 아니라 다수적 복합성의 문제를 함의하고 있기 때문이다. 니체에게서 주체는 언제나 **"하나의 단일체를 구성했었던** 다수성"75)이다. 주체는 통일되어 있지 않으며 지속해서 변화하고 있다. 니체 사상에서 신체의 복합성은 개인의 다원성을 결과하고 이 개인의 다원성이 주체의 힘과 연계한다면 그것은 힘의 다양성을 결과할 수밖에 없다. 여기서 힘의 다양성과 개인의 다원성은 창조를 가능하게 하는 전제이다. 창조는 반드시 새롭기 때문이다. 따라서 그 창조의 수단은 주로 실재의 다양성과 형식의 자유로움을 지지하는 예술적 관점일 수밖에 없는 것이다. 즉 창조하기 위하여 주체는 자기의 다원성을 보장할 예술의 문제에 천착할 수밖에 없다. 이렇듯 니체 사상에서 주체의 자기실현 문제는 미학적 문제의식을 내포하게 되는 것이다.

그렇다면 이제 미학적으로 자기를 구현할 가능성을 니체는 어떻게 제시하고 있는지 살펴보자.76) 미학적 자기 구현 가능성은 달리 말하면 개인들의 고유한 삶의 가능성을 타진하는 것이다. 다른 한편 그 가능성으로서 개인들의 삶의 실현이라는 문

---

75) 『유고(1881년 봄~1882년 여름)』 598, 강조원문, *KGW* V-2, *NF (1881F~1882S)* 480.

76) "'차이틀러(J. Zeitler)에 따르면 니체의 미학은 각 시기별로 '형이상학적, 비판적, 생리학적 미학'으로 구분된다.'"(J. Zeitler, *Nietzsches Ästhetik*), Leipzig, 1900), 김정현, 『니체의 몸 철학』, 219-220의 각주 185에서 재인용)

제는 전통적 도덕 기반에 안주하고 있는 주체를 새로운 주체로 개선하는 문제이기도 하다. 새로운 주체를 위한 주체 개선의 문제는 주체의 신체에 기반을 둔 새로운 힘을 발견하는 문제이며, 이것은 신체를 탐구하며 그 힘을 미학적 관점을 통해 도출하는 문제이기도 하다.[77]

그러나 여기서 신체적 주체의 힘을 창조한다는 것이 아리스토텔레스적 잠재성과 현실성의 구별에서 도출된 완성태로서의 창조가 아니라는 것에 유의해야 한다.[78] 니체의 사상에서 존재는 완성되어 있지도 않으며 완성을 지향하지도 않는다. 끊임없는 생성과 흐름으로서의 창조가 니체 사상이 종국적으로 지향하는 조형으로서의 창조이다. 자기실현이라는 문제는 결국 삶의 과정에서 지속되는 현재형의 문제이다. 그런 의미에서 조형의 문제는 늘 지속되어야 하는 과정의 문제이고, 현재적 운동의 문제이다. 이것은 미학적으로 고찰할 때 삶을 하나의 예술품이자 창작품으로 보는 문제이기도 하다.

이제 자기실현을 위하여 신체의 힘을 도출하여 창조하는 문제는 바로 신체적 주체의 자기 조형의 과정으로 직결된다. 이 문제는 자기실현으로서의 스타일을, '자기'라는 예술품을 만드는 문제이다.[79] 스타일이란 유형이자 표현이다. 이것이 사회에

---

[77] 신체에서 힘을 도출하는 문제는 그 힘을 하나의 형식으로 먼저 규정하고 탐구해야 한다. "만드는 것과 발견하는 것, 창조하는 것과 발견하는 것 […] 사이의 관계는 매우 복잡하면서 또 거의 상호보완적이기까지 하다. […] 자아란 언젠가 발견되기 위해서 우선으로 창조되어야 하는 것처럼 보인다." 알렉산더 네하마스, 『니체-문학으로서의 삶』, 253.

[78] 알렉산더 네하마스, 위의 책, 254 참조.

[79] "어떻게 사람은 자기의 모습이 되는가?", 이 문구는 『이 사람을 보라』의 부제목이다 (『이 사람

서 구현되면 문화이며 글에서 구현되면 문체이다. 이것이 예술에서 구현되면 예술 양식이며 정신에서 구현되면 사상이 된다. 개인은 자기실현의 양식으로 삶을 꾸민다. 따라서 스타일은 개인을 타자와 구별하는 징표이자 그를 자기로서 서게 하는 표지이다. 자기로 존재하게 하는 스타일은 고정된 형식이 아니며 지속해서 변화하는 양식이다. 따라서 스타일은 형성과 운동의 문제이다. 네하마스에게 이것은 생성의 문제이기도 하다.[80]

이렇듯 자기실현의 문제는 주체를 새롭게 창조해가는 문제이지 기존의 틀에 주체를 적응하는 문제가 아니다. 여기서 자기실현으로서의 삶은 주체에게 문제를 제시한다. 첫째, 도덕적 쇄신의 문제, 둘째, 예술적 창조의 문제가 그것이다. 이상엽은 이 문제와 관련하여 삶의 예술적 실현과 연관되는 두 종류의 실천적 삶을 구분한다. 삶의 기술로서의 삶과 삶의 예술로서의 삶이 그것이다. 즉, "사회의 주어진 규범과 코드에 최적으로 적응하는 기술로서의 삶의 예술과 주어진 규범과 관습에 대항하며 자신을 스스로 형성해가는 자기의 예술로서의 삶의 예술이 그것이다."[81]

을 보라」, 321, *KGW* VI-3, *EH* 253); "**어떻게 사람은 자기의 모습이 되는가** 라는 질문에 진정한 대답을 하는 것을 더 이상 피할 수는 없다."(같은 책, 368, 강조원문, *KGW* VI-3, *EH* 291)

80) "우리의 존재는 우리의 생성인 셈이다. […] 현재의 자신으로 변화하는 것이 특정한 새로운 상태에 도달함으로써 생성의 과정을 중단하는 것을 의미하지는 않는다." 알렉산더 네하마스, 위의 책, 276; "생성에 존재의 성격을 각인하는 것—이것이 힘에의 의지의 극치다."(마르틴 하이데거, 「니체 I」, 박찬국 역, 35; Martin Heidegger, *Nietzsche*, Vol. 1., 19)

81) 이상엽, 「니체의 실천철학: 니체의 삶의 예술철학-탈근대 시대의 새로운 윤리학의 시도」, 『니체연구』, 제17집(한국니체학회, 2010), 90. 이상엽은 동일 논문의 91-92쪽 각주 3에서 '삶의 예술'에 관한 국외의 현대적 논의를 요약하여 잘 소개하고 있다.

이것을 다르게 구분해보면 기술로서의 삶은 적응의 문제이며 예술로서의 삶은 창조의 문제이다.[82] 적응의 문제는 주체의 자기보존과 도덕적 삶의 문제이며, 창조의 문제는 자기 쇄신과 도덕 이후의 새로운 형식의 주조 문제이다. 여기서 필자는 적응의 문제를 넘어 창조의 문제를 논하고자 한다.

먼저 첫째, 주체와 관련한 도덕적 쇄신의 문제에서 자기실현은 외부에 의한 '도덕적 사육'을 배격하며 '자기 규율'로 나아가고자 한다.[83] 자기 규율은 '자기의 도덕'이다.[84] 이것은 자기의 훈육(Züchtung)이 토대가 되어야 한다. 자기에로의 끊임없는 훈육은 새로운 도덕의 가능성을 끌어낸다. 이것은 현재의 도덕에로의 몰입으로부터 나타나는 자기보존이 아니라, 자기를 단련하게 하고 강하게 하는 도덕을 지속해서 반복하여 드러내는 새로운 자기 훈육으로서의 도덕이다. 따라서 자기의 도덕은 지속적인 의지와 반복되는 연습을 필요로 한다. 형태를 만들기

---

82) "고대 성적인 자기 배려 '아프로디지아(aphrodisia: 아프로디테의 행위)' […] 아프로디지아의 덕목은 '절제'와 '능동성'이며, […] 실책은 […] '과도함(to pleion)'과 수동성이다. 아프로디지아를 포함한 에로스의 윤리적인 방식들을 요약하자면, 능동적이고 적절하게(아프로디지아), 알맞은 때에(크레시스), 중용의 상태로(엔크라테이아), 절제하며(소프로수네), 욕망을 적절히 조절하기 위해 육체를 제어하는 기술이며, 궁극적으로 자기를 통제할 수 있는 자율성을 얻는 것이다. […] 자기 배양은 그리스의 자기 배려처럼 자기고찰, 연마, 통제를 목표로 하는데 그리스어로 아스케시스(askēsis)를 뜻하는 금욕을 실천한다. 아스케시스는 정신적인 단련의 멜레테(meletē)와 육체적인 훈련의 짐나지아(gymnasia)로 나뉘며, (…)"(오현숙, 「푸코의 윤리: 자기의 배려에서 광기의 윤리로」, 『인문학연구』, 7집(경희대학교 인문학연구원, 2003), 191-192); 그러나 이후 "스토아학파에 자기 배양은 단지 일관적인 훈련방식을 답습하는 것이 아니라 새로운 자기 삶의 형식들을 창조하는 것이다. 푸코는 이를 '존재의 기술'(art of existence)이라고 말한다."(오현숙, 같은 논문, 194)

83) 『우상의 황혼』, 130; KGW Ⅵ-3, GD 96; "훈련(규율적인)과 길들이기를 혼동하는 것보다 최악의 혼동은 없다는 것."(피에르 클로소프스키, 『니체와 악순환-영원회귀의 체험에 대하여』, 198)

84) 이상엽은 삶의 예술철학을 통한 새로운 윤리학의 구성에 관한 논의를 전개하면서, (자기 연습으로서의) 금욕, 시도와 실험, 힘에의 의지와 극복 그리고 정의, 영원회귀 사상을 니체 사상에서 도출하여 그 실천적 개념 정립을 시도한다. 이상엽, 위 논문, 103-108 참조.

위해서 조각가는 끊임없이 망치와 정(釘)으로 돌을 깨고 두드린다.[85] 조형물로서의 자기도 그렇게 훈육되고 단련되어야 한다.[86] 둘째, 주체와 관련한 예술적 창조의 문제는 신체성으로서의 주체 전부와 긴밀히 관련한다. 이것은 주체의 조형(造形)에서 핵심적으로 제기되는 문제이다. 니체에게서 예술은 도덕을 넘어선 새로운 형식이며, 그 형식은 신체 전부로부터 발현되는 것이기 때문이다.

그렇다면 주체를 창조하기 위한 조형의 문제에 미학은 어떻게 관여하는가? 이성(지성)적 태도의 확장에 불과했던 과학적 태도는 사물을 올곧게 파악하는 것에 실패한다. 따라서 니체에게서 다른 대안으로서 선택된 것이 예술적 태도이다. 니체가 보기에 예술이 없었다면 과학의 편협한 태도로 인해 인류는 곤경에 처했을 것이다. 신체는 사물을 이성뿐만 아니라 감성까지 동원해 파악하고자 한다. 니체는 사물에 대한 파악에서 목적을 배제한다.[87] 목적이 배제된 사물은 그 자체로 긍정되는 대상이며 그 변화 또한 지속해서 긍정된다. 사물의 변화는 신체 정동의 변화로 인해 파악 가능하다. 따라서 사물에서 지속해서 다

---

85) "(⋯)나의 망치는 저 형상을 가두어두고 있는 감옥을 잔인하게 때려 부순다. [⋯] 나는 저 형상을 완성하고자 한다." (『차라투스트라』, 144, *KGW* Ⅵ-1, *Za* 107)

86) "니체는 인간의 사회적 현실 속에서 자기 자신을 조형하기 위해 의지의 체조(Gymnastik), 즉 주된 작품으로서 삶의 윤리적 연습을 요구한다. 수공업으로서의 삶의 유지, 삶의 예술가로서의 자기에 대한 작업은 부단한 연습의 문제이다."(김정현, 『니체의 몸 철학』, 221)

87) "벨쉬(Wolfgang Welsch)는 인식론적 미학화는 칸트에 의해서 시작되어, 니체에 의해서 전면화되었다고 주장한다. [⋯] 칸트에게 미학적인 것은 목적론적인 관점에서 파악된 한 계기 혹은 요소였다면, 니체에게 미학적인 것은 목적론적 관점이 거부되어야 하는 근거이자 이유라 할 수 있다."(최준호, 「미학적인 것과 인간적 삶-니체 미학의 선구자로서의 칸트? 탈 칸트 미학의 완성자로서의 니체」, 『니체연구』, 제24집(한국니체학회, 2013), 188-191)

른 미학적 판단을 끌어내는 것은 신체 정동의 지속적인 변화가 뒷받침되어야 가능한 것이다. 이렇듯 주체에 대한 예술적 태도는 주체에게서 지속적인 변화와 운동을 도출해낸다. 이제 자기 실현으로서의 조형의 문제는 신체성 전부로 끌어내는 자기 변화의 문제로 이동하게 되는 것이다.

이와 관련하여 니체는 『차라투스트라』에서 주체의 세 가지 양태 변화에 대해 설명한다. 주체의 정신은 세 가지의 변용을 일으킨다. 주체는 낙타에서 사자로, 사자에서 어린아이로 발전한다. 낙타는 타자가 제시한 의무를 자신의 기쁨으로 삼고 그것을 무비판적으로 수용한다. 낙타는 주어진 의무에 순종하며 그것을 잘 견디어낸다. 낙타는 자기의 도덕을 세울 수 없으므로 타자의 도덕에 순종할 뿐이다. 그러나 주체는 자기를 구현하기 위해 스스로의 도덕을 입법해야만 한다. 그런 의미에서 진정한 주체는 명령할 수 있는 자이다.[88]

순종을 극복하려는 낙타는 "사막을 향해 서둘러 달린다."[89] 외로운 사막에서 두 번째의 변용이 일어나는 데, 여기서 주체는 사자가 된다. 사자는 자유를 획득하고자 하며, 그만의 사막에서 주인이 되고자 한다. 정신은 자신이 마지막으로 신앙했던 주인, 즉 용과 대결하고자 한다. 용은 관습적 도덕의 총체이며, 세계에 존재하는 많은 의무들이다. 용은 수천 년간 지속된 도

---

88) "모든 생명체는 순종하는 존재(자)(…)"인 바, "자기 자신에게 순종할 수 없는 존재(자)에게는 명령이 떨어지기 마련(…)"이며, 따라서 "순종보다 명령이 더 어렵다."(『차라투스트라』, 194, *KGW* VI-1, *Za* 143, 괄호 필자)

89) 위의 책, 39, *KGW* VI-1, *Za* 26.

덕이 무수한 비늘로 덮여 번쩍인다. 이제 사자는 가치 창조의 자유를 획득하기 위해 수많은 가치들의 주인과 투쟁한다. 새로운 가치를 획득하기 위한 권리, 그것을 위해 사자는 투쟁에서 자유를 찾는다.[90]

더 나아가 사자는 어린아이의 정신이 되어야 한다. 순진무구와 망각의 순환, 시작의 영원한 반복, 창조의 놀이를 위한 거룩한 긍정이 그것이다.[91] 어린아이에게 사물은 영원한 새로움이다. 어린아이는 모래성을 쌓다가 다시 허물기를 주저하지 않는다. 어린아이에겐 앞에 놓인 모든 것이 실험이자, 파괴의 대상이기 때문이다. 어린아이의 실험적 정신은 가치 창조의 주인이 소유하는 정신이다. 그에게 세계는 긍정의 대상이자 망각의 대상이며, 몰입의 대상이자 탈출의 대상이다. 이제 세계는 주체의 전부로 다시 자리하게 되고, 주체가 창조한 가치는 그에게 새로운 세계를 다시 도래시킨다. 니체 사상에서 이렇게 도출된 자기 변화의 문제는 주체가 자기로부터 비롯하는 창조성 전부를 긍정하는 자유 정신이기를 요구하게 된다. 그리고 그렇게 완성된 조형물로서의 주체는 또한 니체가 칭송하는 예술가-철학자와 다른 것이 아니다.[92]

삶의 예술로서의 인간의 미학적 조형의 문제를 이해하고자 할 때 우리는 니체 사상에서의 춤의 메타포[93] 또한 언급할 필요가

---

90) 위의 책, 39-40 참조, *KGW* VI-1, *Za* 같은 쪽 참조.

91) 위의 책, 41 참조, *KGW* VI-1, *Za* 27 참조.

92) "니체가 삶의 예술을 통해 산출하고자 하는 유형은 자기 자신을 조형하는 자(Sich-selbst-Gestaltende) 이자 동시에 '자유 정신'을 의미하는 '예술가-철학자'이다."(김정현, 『니체의 몸 철학』, 221)

있다. 니체에게서 주체는 예술가만도, 관객만도 아닌 그 둘의 일치이다.[94] 주체는 자신이 주인공이 되어 삶을 상연한다. 그러나 그 삶의 상연은 관객으로서의 타자를 위한 것이 아니라 상연하는 주체를 위한 것이다. 즉 삶은 작품이 되고, 주체는 주인공이 되며, 스스로 자기 삶을 지켜보는 관객도 된다. 여기서 주체의 삶은 자체로 작품이 된다.

지금까지 니체의 도덕·예술에 관한 사상이 전통적 도덕철학과 어떠한 차별성을 지니고 있는지 살펴보았다. 니체에게서 도덕은 신체적 주체의 생성하는 힘이며 그 변형이다. 따라서 생성하고 변형할 수 있는 도덕은 주체의 창조로 가능하며 이것은 전통적 도덕과 충돌하며 투쟁할 수밖에 없다. 삶의 창조로서의 도덕은 자기의 삶을 주조하는 미학적 관점을 요구한다. 그렇다면 삶은 하나의 예술품이 된다. 그리고 주체는 그 삶을 창조하

---

93) "몸을 긍정적으로 재평가한 니체의 생리학적 전회는 자연스럽게 가장 대표적인 체현 예술인 춤에 주목한다. 『비극의 탄생』부터 『차라투스트라는 이렇게 말했다』 그리고 유고에 이르기까지 니체의 글을 관통하는 핵심적 비유는 두말할 나위 없이 '탄츠'(Tanz, dance), 춤이다. 니체가 체현 예술의 전형으로 파악한 고대 그리스비극의 합창에 나타나는 사티로스는 '자연의 상징인 동시에 자연의 지혜와 예술의 선포자'이기에 '음악가와 시인, 무용가(Tänzer, dancer)와 예언자가 합쳐 한 사람이 된 것'으로 이해된다. 니체가 기독교적인 가치와는 정반대인 순수하게 예술적이고 반기독교적 가치를 '디오니소스적'이라고 부르는 것처럼 춤은 니체 사상의 방향을 제시한다. 그러기에 그는 이제까지 우리를 짓눌러왔던 무거운 모든 가치를 부정하면서도 동시에 가장 가벼울 수 있는 사유방식을 탐구한다. 이런 사유방식을 상징하는 니체의 '차라투스트라는 춤추는 사람이다.' 니체는 디오니소스, 그리스비극 합창단의 사티로스, 자유 정신, 초인, 차라투스트라 그리고 신들을 모두 춤추는 사람으로 볼 뿐만 아니라 심지어 글쓰기, 사상, 철학자까지도 춤추는 사람에 비유한다."(이진우, 「니체, 몸 그리고 "춤추는 사유"」, 『니체연구』, 제25집(한국니체학회, 2014), 12-13)

94) "쇼펜하우어, 나아가 칸트나 플라톤에게서 예술은 필연적으로 관객의 관점에서 다루어진다. 그런데 니체에게선 예술의 주체는 관객이 아닌 창조적 예술가이며 그에게 중점적인 중요성이 부여된다. 춤꾼과 노래하는 자는 도취적 환희를 경험한다; 니체에게서 관객은, 예술에 관심이 있든 없든 이미 존재하는 진정한 세계를 발견하려는 플라톤적 관점만을 보유한다. 쇼펜하우어의 순수한 숙고도 궁극적으로는 '객관적'이 되려 하는 과학적 갈망이 걸러내진 것일 뿐이다."(Charles Senn Taylor, "Nietzsche's Schopenhauerianism", *Nietzsche Studien*, Band 17(1988), Berlin·New York: Walter de Gruyter, 55)

기 위한 미학적 실천으로서 도덕을 극복하며 자기의 삶을 대하게 된다.

이제 니체 사상에서 신체적 주체가 반드시 의거해야 할 대지로서의 자연을 살펴봐야 할 필요가 있을 것이다. 그 자연은 우리의 세계이기도 하다. 자연은 우리가 '자기'를 이해하고자 할 때 반드시 전제하며 의거하는 유일한 세계이기도 하다. 니체 사상에서 자연을 최대한으로 우리가 이해해야만 우리는 그의 사상적 개념들이 어떤 함의를 지니고 있는지 제대로 파악할 수 있을 것이다.

4

자기(自己)와 자연(自然)

니체의 자연 개념

　니체의 자연 개념은 다음과 같은 내용을 포함한다. 첫째, 자연은 근대의 철학이 바라본 인간의 목적을 실현하는 수단으로서의 자연이 아니라 인간이 그들의 운명 전부를 의탁하고 걸어야 할 대상이다. 이런 관점은 현대 생태주의와 연결된다.[1] 둘째, 자연은 자연과 인간의 대립을 해소하고 인간과 문화를 그 내부에 포함한다. 셋째, 인간과 자연이 같이 상승한다는 것은 인간에게 본능과 정동을 수여한 자연을 긍정하고, 그 자연적 산물로서의 정동을 적극적으로 인간의 삶에 활용하여 인간의 문화를 더 나은 문화로 창조하는 것이다. 넷째, 생명이 드러나는 자연이 큰 자연이다. 문화 역시 자연을 드러내야 한다.[2] 다섯째, 자연은 운동하고 변화한다. 자연에 속한 인간도 마찬가지로 운동하며 변화한다.

---

1) 심층 생태학과 니체의 자연 개념을 결합한 논의는 강용수, 「니체의 생태학적 공생 추구와 생태학적 주체 찾기-생태 은유론을 중심으로」, 『해석학연구』, 제27권(한국해석학회, 2011), 279-304 참조; 니체 사상과 노장사상의 비교 중 허무주의에 대해서는 양승권, 「니체와 비교연구: 니체와 "노장(老莊)"—허무주의(Nihilism)를 중심으로」, 『니체연구』, 제11권(한국니체학회, 2007), 153-180 참조; 생태학적 자연관에서 공통점을 찾는 논의는 양해림, 「니체와 노자의 생태학적 자연관」, 『철학』, 제69권(한국철학회, 2001), 281-306 참조.

2) 니체에게서 문화란 계보학적 비판의 대상이며 유럽문화에 대비되는 고대 그리스문화를 긍정하였다는 논의는 홍사현, 「니체와 문화비판: 니체의 문화비판과 고대-그리스문화의 계보학적 고찰」, 『니체연구』, 제15권(한국니체학회, 2009), 7-32 참조.

그 과정이 새로운 계몽이다.

> 누군가 우리를 들어 올려야 한다—우리를 들어 올리는 자는 누구
> 인가? 그들이 저 진실한 **인간들, 더 이상 동물이 아닌 사람들, 철**
> **학자들, 예술가들과 성자들**이다. 그들이 나타나면, 또 그들이 나타
> 남으로써, 결코 도약하지 않는 자연이 단 한 번 도약한다. 그것도
> 기쁨의 도약을. 자연이 이제 처음으로 목표에 도달했다고 느끼기
> 때문이다. 다시 말해 자연은 목표를 가진다는 사실 자체를 잊어버
> 려야 한다는 것을 깨닫게 되고 또 자신이 삶과 생성의 게임에 너
> 무 많은 돈을 걸었다는 것을 알게 된다. 이런 인식을 하면서 자연
> 은 스스로 광채를 발휘하고 인간이 '아름다움'이라 부르는 부드러
> 운 저녁의 피로가 그의 얼굴에 깃든다. 자연이 이제 이 변용된 표
> 정으로 말하는 것, 그것은 현 존재에 관한 위대한 **계몽**이다.[3]

근대인이 막다른 길에 처하면서 근대의 자연 개념도 막다른
지경에 처한다. 그들 자신이 자신들의 자연 개념을 변질시켰기
때문이다. 그 변질을 초래한 것은 그들의 지성이다. 니체는 근
대인의 퇴락을 막기 위하여 자연과의 관계를 다음과 같이 제시
한다. 첫째, 인간은 이성의 한계를 넘어 자연성을 회복해야 한
다. 둘째, 인간은 자연과 화해하고 자신들의 완성을 위해 노력
해야 한다.

근대 서양인이 생각하는 자연은 종교적 색채가 가미된 신비
의 대상에서 자연과학적 학문의 대상으로 지위가 바뀐다. 근대
철학의 자연관은 일체의 신비적·주술적 분위기를 자연에서 제

---

3) 『반시대적 고찰』, 441, 강조원문, *KGW* III-1, *UB* 376.

거하고 수학적·물리적으로 분석한 자연관이다.[4] 특히 데카르트는 정신과 육체를 포함한 모든 존재자를 수학적으로 분석한다. 그에게서 이성적으로 규정되고 설명되지 않는 자연은 불신과 개척의 대상으로서 야만성을 가질 뿐이다.

니체는 그러한 편향이 서양의 학문적 태도에서 기원했다고 진단한다. 학자들은 자연을 분석하고 분해한다. 니체는 이러한 태도를 정복자적 태도라고 비판한다. 반면 철학자와 예술가의 태도는 다르다. 그들은 자연을 영토가 아니라 대지로 바라보며, 세계를 분석의 대상이 아니라 거주하는 곳으로 본다.

> (…)어느 시대나 천재와 학자는 서로 싸움을 벌였던 것이다. 학자는 자연을 죽이고 분해하고 이해하려 하지만, 천재는 활기찬 새 자연을 통해 자연을 증대하려 한다.[5]

천재는 자신의 힘의 근거를 자연에 두고, 자연을 통해 그 힘을 보충한다. 천재는 자연의 순환을 완성한다. 천재는 자연의 과잉한 힘에 의해 존재가 드러나고 자연 속에서 자기를 낭비한다. 인간은 거대한 자연과 동격으로 설 수 없다. 결코 자연적인 것을 인간적인 것이 대체할 수는 없고, 단지 자연적인 것에 인간적인 색채가 가미되거나, 자연적인 것이 인간적인 것을 통해

---

4) 근대 이전에는 자연을 대상적·효용적으로 바라보는 태도는 많지 않았다; "(…)인간이 세계에서 최고의 존재자는 아니기 때문이다. [⋯] 그러나 그 논증이 인간이 최고의 동물이라는 것일지라도 별 차이가 없다; 인간보다도 본성상 신성한 다른 존재자들이 있기 때문인 바, (…)"(Aristotle, *The Nicomachean Ethics*, trans. David Ross, New York: Oxford University Press, 1998, 145-146)

5) 『반시대적 고찰』, 463, *KGW* III-1, *UB* 395-396.

그 자신을 드러낼 뿐이다. 따라서 작은 지성 안에 거대한 자연을 담는 것은 불가능하다.6)

> 그와 같은 진리들을 찾는 탐구자는 근본적으로 인간 안에서 세계의 변형을 찾고 있을 뿐이다. 그는 세계를 인간과 같은 종류의 사물로 이해하려고 애쓰며, 기껏해야 동화(同化)의 감정을 쟁취할 뿐이다.7)

학자들은 낡은 진리를 버리지 못하고 그것을 변형하거나 대체한다. 그러나 그 변형되거나 대체된 진리는 인간적 진리일 뿐이다. 지금까지도 그들이 추구하는 진리는 과거의 인간적인 진리를 벗어나지 못했다. 진리는 여전히 사물을 동화시키거나 변형할 뿐이다. 과학적 태도는 오만(Hybris)하다. 따라서 진리가 파괴되지 않으면 인간은 결코 자연에 접근할 수가 없다.

근대의 데카르트에게서 정신에 대한 지도원칙으로 자리한 수학적 규칙은 이제 세계 파악을 위해 사물의 연장성을 인식하기 위한 기하학의 지도원칙으로까지 확장되며, 이는 근대 자연과학의 방법적 토대가 된다. 이에 대해 니체는 우리가 사는 대지, 즉 자연이 유일한 현실이라고 주장하며, 대지와 신체의 개념을 통해 자연을 재조명한다. 신체성으로 새롭게 바라

---

6) "인간이 존재하지 않았던 영원이 있었다. 또 인간의 존재가 다시 끝난다고 하더라도 아무런 일도 일어나지 않을 것이다. 왜냐하면 인간의 지성은 인간의 생명을 넘어서는 어떤 사명도 가지고 있지 않기 때문이다. 그 지성은 인간적이다."(『유고(1870년~1873년)』, 443, *KGW* Ⅲ-2, *NS (1870-1873)*, 369)

7) 위의 책, 453, *KGW* Ⅲ-2, *NS (1870-1873)*, 377.

보며 구성한 자연은 근대 철학이 정신만으로 바라보며 구성한 자연을 극복하는 큰 자연(die große Natur)⁸⁾이다. 데카르트는 동물의 생명을 외부에 반응하기만 하는 자동기계(Automata)로 폄하하고 혼(Seele)의 능력도 없는 것으로 본다. 데카르트에 이르러 인간 정신의 운동은 더욱 강화된다.⁹⁾ 데카르트는 자연에서 생산의 풍요를 제거하고 인간을 위한 자연으로 변형시켜 사유의 안에 자연을 국한한다. 자연은 정신의 대상이자 그것을 통해 정신을 바로잡을 수단이 된 것이다. 근대 철학에 이르러 자연은 명석 판명하게 이해되어야 할 인식 대상에 불과하게 된다.

---

8) *KGW* Ⅶ-1, *NF (1882J-1883/84W)* 552, "위대한 자연과 인간"(『유고(1882년 7월—1883/84년 겨울), 696); 독일어 'groß'는 '위대한', '큰'이라는 의미이다. 박찬국은 책세상 본(같은 책, 같은 쪽)에서 große Natur를 '위대한 자연'으로, 홍사현은 논문 「자기 생산 하는 삶, 자연, 세계-니체의 발생존재론(『니체연구』, 제13권(한국니체학회, 2008)에서 '큰 자연'으로 옮겼다(202). '큰 자연'은 '위대한 자연'이고 '우주적 자연'으로 옮겨지기도 한다. 필자는 홍사현의 논의를 따라 큰 자연으로 부를 것이다.

9) 그러나 데카르트가 말하는 사유는 광의적 의미였다. 그에게서 생각은 사유(Cogitare), 이해(Intelligere), 의지(Velle), 상상(Imaginari), 감각(Sentire)을 포함한 개념이었다. "나는 생각이라는 말로써 우리가 의식하는 한에서 우리 안에서 일어나는 모든 것을 의미한다(illa omnia quae nobis consciis in nobis fiunt, quatenus eorum in nobis conscientia est). 따라서 여기서는 이해나 의지나 상상뿐만 아니라, 감각 또한 사유와 동일한 것이다."(르네 데카르트, 『성찰 ① - <성찰>에 대한 학자들의 반론과 데카르트의 답변』, 원석영 역, 나남, 2012, 14-15, 역주 3)

자연성의 회복

정신 특히 이성을 통해 모든 것을 파악하고자 했던 서양의 근대 정신세계는 자연을 대상화함으로써 정복의 대상으로 삼고, 인간이 자연으로부터 소외되는 결과를 가져오게 된다.

근대인을 자연으로부터 분리한 문제점은 다음과 같이 정리될 수 있다. 첫째, 과학적 관점이 무차별적으로 자연에 적용된다면 자연은 왜곡될 것이다. 과학은 자연을 절단하고 추출할 뿐이다. 과학의 효용은 인간의 효용일 뿐이다. 과학이 말하는 진리는 세계의 진리가 아닌 인간, 그것도 특수한 인간의 진리일 뿐이다.[10] 과학적 관점은 전체적 자연을 외면하고 그것을 인간만의 사유 범주로 구분하고 법칙으로 제한하여 해석하는 하나의 관점일 뿐이다.[11] 과학은 맹목적 호기심과 인식욕의 충족을 위해

---

10) "오늘날 수많은 자연과학자들이 만족하는 믿음, 즉 인간의 사유와 가치 개념 안에 이 세계의 등가물과 척도가 들어있다는 믿음, 인간이 네모난 자그마한 이성으로 '진리의 세계'에 다가갈 수 있다고 하는 믿음의 경우도 마찬가지다.—무엇이? 우리가 정말로 우리의 실존을 그런 방식으로 계산 연습에 매달리는 하인과 골방에 처박혀 있는 수학자의 삶으로 타락시키려 한단 말인가? [⋯] 그대들이 이해하고 있는 '과학적인' 세계-해석은 따라서 **가장 어리석은** 세계-해석, 다시 말해 모든 가능한 세계-해석들 중에서 가장 의미가 빈곤한 세계-해석이 아닐까?"(『즐거운 학문』, 379-380, 강조원문, *KGW* V-2, *FW* 307-308)

11) "자연법칙은 우리에게 그 자체로 알려지지 않으며, 오직 그 효과를 통해서만, 즉 우리에게 다시금 관계로서 알려진 다른 자연법칙들에 대한 관계 안에서만 알려져 있을 뿐이다. [⋯] 예컨

섬세한 사려 없이 대상을 정복하고 희생시킨다.12) 과학적 방법
에는 인간의 오만과 불성실이 숨어있는 것이다.13)

둘째, 근대 세계의 병리는 인간에게서 자연성을 제거한다.
인간은 인식하고 사유하는 것만이 아니라 느끼고 경험한다. 신
체는 충동하고 생산하며, 느끼고 분출한다. 신체의 정동은 의
식 일변의 주체를 개선하고 그 주체의 활동을 확장한다.14)

대 시간, 공간, 계승 관계와 숫자들처럼 우리가 덧붙이는 것만이 우리에게 실제로 알려진 것이
다."(『유고(1870년~1873년)』, 455, *KGW* Ⅲ-2, *NS (1870—1873)* 379)

12) "과학은 이처럼 정선하지도 않고 섬세한 미적 감각도 없이 알 수 있는 모든 것에 달려들며, 어
떤 희생을 치르고서라도 모든 것을 인식하고자 하는 맹목적인 호기심을 가지고 있다."(『유고
(1870년~1873년)』, 369, *KGW* Ⅲ-2, *NS (1870—1873)* 310)

13) "오늘날 오만이란 자연에 대한 우리의 전체 태도이며, 기계나 안심할 수 있는 기술 전문가와 엔
지니어의 발명에 힘입어 자연에 가하는 폭행이다. 오만이란 신에 대한 우리의 태도(⋯)"(『도덕의
계보』, 474, *KGW* Ⅵ-2, *GM* 375); "**과학적** 인간이 철학자보다 오히려 더 데카당스-징후이지 않
을까?—전체적으로가 아니라, 단지 그의 **한 부분**만이 전적으로 인식에 바쳐지고 있고, 한 가지
관점이나 한 가지 광학에 길들어 있다—"(『유고(1888년 초~1889년 1월 초)』, 73, 강조원문,
KGW Ⅷ-3, *NF (1888A-1889AJ)* 55); "과학적 사유가 예술적 힘과 삶의 실천적 지혜도 받아들일
줄 알게 되는 경지 […] 로부터 우리는 얼마나 멀리 떨어져 있는가!"(『즐거운 학문』, 191, *KGW*
V-2, *FW* 152); "모든 과학은 항상 존재자의 특정한 한 영역만을 다루며 그것도 항상 하나의 특정
한 관점에서만 다룬다."(마르틴 하이데거, 『니체 I』, 박찬국 역, 길, 2010, 365; Martin Heidegger,
Nietzsche, Vol.2., trans. David Farrell Krell, New York: HarperCollins Publishers, 1991, 116)

14) 김정현은 그의 저서 『니체, 생명과 치유의 철학』에서 다음과 같이 말한다. "이러한 니체의 철
학에 대한 이해는 철학에서 인식의 문제를 배제하는 철학의 협소화를 지향하는 것이 아니라,
인식의 문제를 포함해 세계의 문제를 인간의 몸의 언어를 통해 새롭게 다시 해석하는 철학적
인식 영역의 확장을 의미한다. 왜냐하면 니체는 전통적인 이성 철학 전체를 해체하며, 몸의 언
어를 통해 새롭게 미래 철학의 가능성을 건설하려고 시도하기 때문이다. 니체의 몸의 언어는
그의 심리학적 세계 해석의 문제와 연관되어 있다. […] 하이데거나 뢰비트 등의 탁월한 니체
해석이 실존주의 또는 형이상학적으로 니체를 이해할 수 있는 실마리를 제공해준 것은 사실이
나, 니체의 사상은 자신이 이해하고 있듯이 인간의 영혼을 탐색하는 심리학의 언어를 통해 더
욱 잘 이해될 수 있을 것이다. […] 가다머(Hans-Georg Gadamer) 역시 '니체는 표면을 뚫고 들
어가 그 뒤에서 감추어진 것, 비밀스러운 것, 위장된 것, 말할 수 없는 것을 인식하는 천재적
인 심리학자'이며, 또한 전경적인 것, 표면적인 것을 가면으로 해석하는 법을 가르쳤으며, 프
로이트 역시 니체에게서 많은 것을 배웠다고 보고 있다. 니체의 철학적 기반이 심리학이기에
니체 이후 프로이트의 정신분석학(Psychoanalyse)이나 융의 분석심리학(die analytische
Psychologie), 아들러의 개인심리학(Individualpsychologie) 역시 니체의 사상으로부터 지대한 영
향을 받으며 나왔다는 것은 의심의 여지가 없다. 프로이트는 자서전에서 자신의 학문적인 독
창성이 손상당할 것을 두려워해 니체의 영향을 부정하고 싶어 했지만, 융은 현대 정신분석학
자들이 니체에 많은 빚을 지고 있음을 솔직하게 밝혔다. 융에 따르면 '니체는 진정한 현대 심
리학자다. 오늘날 그는 어두운 배경과 비밀스러운 동기를 밝힐 수 있는 독창적인 불빛을 가졌
기 때문에, 유명한 분석가를 만들 수가 있었다. 그는 프로이트와 아들러에게서 크게 다루어질

우리는 한 시대의 도덕의 건강성을 자연성을 잣대로 추론할 수 있다. 니체는 도덕을 계보학적 성격을 지닌 것으로 파악하는데, 이때 계보학은 협의의 학문(la science)이 아닌 광의의 학(Wissenschaft)으로 이해된다. "'학문(Wissenschaft)'이라는 말의 의미 내용은 수학적·기술적 분과들을 의미하는 프랑스어인 science와 일치하는 방향으로 발전할 것이다. [⋯] 과학과 달리 철학에서는 사정이 전혀 다르다. 여기에서 '철학'이 운위될 경우, 그것은 위대한 사상가의 창조만을 염두에 둔 것이다."15) 독일어 'Wissenschaft'와 프랑스어 'science'의 차이는 대체로 전자가 포괄적 학문을 지칭하는 데 반해, 후자는 제한적 분과학문을 지칭하는 데에 있다. 하이데거는 현대 학문의 과학 지향적 태도는 'Wissenschaft'가 수학적 기술적 훈련인 'science'의 방향으로 진행할 것으로 보면서 구분하고 있다. 니체는 계보학을 전자인 'Wissenschaft'의 의미로 쓰고 있다.16)

나아가 문화 역시 자연성이 발현되는 정도에 따라 평가될 수 있다. 문화는 역능(力能, potentia)17)의 전개이며 그 현상이다. 역

기대를 받고 있었다.'"(김정현, 같은 책, 250-254)

15) 마르틴 하이데거, 「니체 I」, 박찬국 역, 262-263; Martin Heidegger, *Nietzsche*, Vol. 2., 16-17; 임건태는 니체의 과학 비판은 학문 전반을 비판한 것이라 보며 이를 "자연과학을 포함해서 넓은 의미의 이론적 학문(Wissenschaft)으로 보아야 할 것이다"라고 주장한다(임건태, 「니체의 또 하나의 코페르니쿠스적 혁명-우주적 자연을 바탕으로 한 자연의 탈(脫) 인간화와 인간의 자연화」, 「니체연구」, 제16집(한국니체학회, 2009), 169 참조). 그는 'Wissenschaft'와 'science'의 차이에 대해 Babette E. Babich(2004)를 소개하고 있는데 이는 1961년에 하이데거가 위 저서에서 언급한 내용(하이데거, 위의 책 참조)과 관련된다.

16) "계보학이라는 관념이 주로 니체에 의해 개발되고 (유명하게 되었으며) 정착되었던 문제였을지라도, 그가 이 용어를 처음 사용한 것은 아니었다. [⋯] 계보학이 도덕, 형이상학, 종교의 숨겨진 원리들을 발견하려고 시도하는 한, 그리고 서양의 학문의 기원과 의미, 가치를 드러내려고 시도하는 한, 계보학은 그 본질에 대한 탐구이다. [⋯] 계보학은 원리가 아닌 기원에 관한 담화이다; 생명의 성장, 토양, 나무, 출산, 삶과 죽음, 변화, 산출, 유산, 유전, 기원, 그리고 조상들에 관한 것으로서 말이다. Eric Blondel, "The question of genealogy", *Nietzsche-critical assessments* Vol. Ⅳ., ed. Daniel W. Conway with Peter S. Groff, London·New York; Routledge, 1998, 32-37 참조.

17) "스피노자가 사용한 권력(potestas)과 역능(potentia)이라는 라틴어 용어가 대부분의 유럽 언어

능(potentia) 개념은 권력·권한(potestas) 개념과 대비하여 스피노자가 사용한 말이다. 권력은 목적의식적인 힘이지만, 역능은 본성상 필연적 힘이다. 필자는 니체가 말하는 '문화'를 시대의 집단적 '힘의 연대와 표현'으로 본다. 니체는 그 힘을 자연성으로 말하고자 하며, 문화를 그것으로 평가하고자 한다. 따라서 삶과 문화는 모두 힘의 증대와 감소의 표현이다.[18]

> 나의 임무: 먼저 자연을 탈 인간화시키고, 그다음 인간이 순수한
> "자연" 개념을 깨닫게 되면, 인간을 자연화시키는 것[19]

신체성으로 자연을 마주하면서 인간은 자기가 본래 자연이었음을 자각한다.[20] 병과 데카당스는 자기의 토대가 자연인 것을 깨닫지 못하는 쇠약한 문화이다. 문화는 한 시대의 병과 건강의 증상을 노출하는 시대의 징후이다. 문화는 시대의 건강을 나타내고, 철학자는 문화를 통해 시대의 병을 읽어낸다. 병든 문화를 극복하기 위해 니체가 제시하는 처방은 자연인이 되자는 것이다.[21]

들에서는 구별되는 용어 […] 가 있는 반면, 영어에는 오직 하나의 용어, power 만이 있다. […] 스피노자의 역능 개념은 저항들의 총합 또는 개별적인 힘들 및 잠재력들의 수준 이상의 것이다. 그것은 견고한 형이상학적 토대에 기반을 둔 진정한 조직 동학이다. 스피노자의 역능은 항상 집단인 차원에서 활동하며 민주주의적·사회적 권위의 구성을 지향한다."(안토니오 네그리,『야만적 별종』, 윤수종 역, 푸른 숲, 1999, 36-37, 영역자 서문)

18) 『유고(1887년 가을~1888년 3월)』, 15 참조, KGW Ⅷ-2, NF (1887H-1888M) 8 참조.

19) KGW Ⅴ-2, NF (1881F-1882S), 423, 525-526; "이제 자연을 탈 인간화하자!"(『유고(1881년 봄~1882년 여름)』, 535, KGW Ⅴ-2, NF (1881F-1882S), 430)

20) "인간은 […] 그 자신이 정말 한 조각 실재, 한 조각 진리, 한 조각 자연인 것이다―"(『유고(1887년 가을~1888년 3월)』, 523, KGW Ⅷ-2, NF (1887H-1888M) 435)

21) 국내에도 니체 사상으로 환경 철학과 생태 철학적 함의를 도출해내려는 시도는 있다. 김정현은 『니체, 생명과 치유의 철학』, 책세상, 2006에서 별도의 장으로 생명과 여성성, 건강에 대해

근대의 병리적 자연관을 교정하기 위한 니체의 전략은 다음과 같다. 첫째, '힘에의 의지' 개념을 통해 생기(生起, Geschehen)를 긍정한다. 힘에의 의지는 삶이나 사회, 문화뿐만 아니라 자연에도 적용된다.[22] 힘에의 의지가 무한히 자기로 돌아오려 하고 자기의 힘을 확장하려는 모습[23]이 바로 자연이다. 자연은 세계에 생기로 드러나며, 힘의 반복을 통해 존재자들은 세계에 현상(現象)한다.[24] 니체는 인간의 신체 역시 자연의 하나로 본다. 그에 따르면 서양의 근대는 지성에 의해 자연을 정복할 수 있다고 봄으로써 신체 역시 정신의 분석 대상으로 삼는다. 서양의 근대는 자연을 인간화함으로써 인간의 탈자연화를 진행한 것이다. 이에 대해 니체는 자연을 '탈인간화'하고 인간을 '자연화'시켜야 한다고 반박한다.

탐구하였다. 김주휘는 논문에서 김정현(「니체의 생명 사상」, 철학과현실사, 2000), 양해림(「니체와 老子의 생태학적 자연관」, 『철학』, 제69집(한국니체학회, 2001), 281-306), 홍일희(「니체 철학에서 생명의 자연성과 인위성」, 『범한철학』, 제30권(범한철학회, 2003), 129-152)를 소개하고 있다. 김주휘, 「니체의 자연 사유에 대한 소고」, 『니체연구』, 제19권(한국니체학회, 2011), 90 참조.

22) 자연법, 삶, 예술, 도덕, 정치, 학문, 종교, 인류 등 모든 것은 힘에의 의지이다. 이에 대한 니체의 언급은 『유고(1888년 초~1889년 1월 초)』, 61-62 참조, KGW VIII-3, NF (1888A-1889AJ) 46 참조; "진리에의 의지는 도덕적 위력이 아니라, 힘에의 의지의 한 형식이다"(같은 책, 97, KGW VIII-3, NF (1888A-1889AJ) 74); "도덕으로서의 힘에의 의지"(같은 책, 102, KGW VIII-3, NF (1888A-1889AJ) 78); "삶으로서의 힘에의 의지"(같은 책, 191, 강조원문, KGW VIII-3, NF (1888A-1889AJ) 152); "모든 '목적', '목표', '의미'가 하나의 의지, 즉 모든 생기에 내재하는 힘에의 의지의 표현 방식이며 변형일 뿐이라는 것"(『유고(1887년 가을~1888년 3월)』, 340, KGW VIII-2, NF (1887H—1888M) 286)

23) "서열을 결정하는 것은 힘의 양이며, 이것은 바로 너 자신이다"(위의 책, 311, KGW VIII-2, NF (1887H-1888M) 262); "법칙이란 없다 모든 힘은 매 순간 끝장을 본다"(『유고(1888년 초~1889년 1월 초)』, 66, KGW VIII-3, NF (1888A-1889AJ) 50); "힘 소비의 극대-경제다"(같은 책, 70, KGW VIII-3, NF (1888A—1889AJ) 53); "'힘에의 의지'는 생성을 끝낼 수 없다"(『유고(1887년 가을~1888년 3월)』, 307, KGW VIII-2, NF (1887H-1888M) 259); "생성의 의미는 모든 순간에 충만되고 도달되며 완성되어야만 한다."(같은 책, 334, KGW VIII-2, NF (1887H-1888M) 281)

24) "생기의 산정 가능성은 동일한 경우들의 회귀에 근거한다."(『유고(1888년 초~1889년 1월 초)』, 90, 강조원문, KGW VIII-3, NF (1888A-1889AJ) 68)

둘째, 자연인은 큰 자연에서만 찾을 수 있다. 위버멘쉬는 자연에 거주한다. 자연은 힘이자 충동이며, 개선이자 창조이다. 정신과 육체 모두의 건강을 추구하지 않는 철학은 실패한 소크라테스 철학을 되풀이할 뿐이다.[25] 다시 자연으로 돌아가고자 하는 것은 죽어가는 신체를 살리기 위함이다.[26] 자연은 다양하며 풍부하다. 인간적인 세계 해석이 유효한 정도를 넘어 지나쳤을 때 인간은 병든 종(種)이 되었다. 니체는 자연성의 상승이야말로 하나의 진보라고 말한다.[27] 자연은 방종한 자연도 아니며 스토아주의(Stoicism)가 말하는 질서로서의 코스모스도 아니다.[28] 따라서 니체는 도덕에서의 자연성의 회복을 근대의 자연관에 대한 대안으로 내세운다.[29]

---

[25] "소크라테스에게서 본능은 비판자가 되고 의식은 창조자가 된다.―정말 결함으로 인해 태어난 괴물이 아닌가!"(『유고(1870년~1873년)』, 147, *KGW* Ⅲ-2, *NS (1870-1873)* 121); "이 대지에 절망한 것, 그것은 바로 그 신체였다."(『차라투스트라』, 48-49, *KGW* Ⅵ-1, *Za* 32)

[26] 위의 책, 47-55 참조, *KGW* Ⅵ-1, *Za* 31-37 참조; 슈테판 츠바이크, 『니체를 쓰다』, 60 참조.

[27] 『우상의 황혼』, 190 참조, *KGW* Ⅵ-3, *GD* 144 참조.

[28] 니체는 "삶이란 비도덕적 전제 위에 서 있다"라고 주장한다. 그는 "계몽의 낙관적 자연주의뿐만 아니라 루소의 원초적 자연의 선에 관한 신화, 신성과 도덕에 관한 스토아주의의 본질 관념 등도 전복시키려 한다. 또한 그는 결정론적 견해, 예지나 어떤 신정론도 배격하길 원한다."(Michel Haar, "Life and natural totality in Nietzsche", *Journal of Nietzsche Studies*, Vol. 3., Spring 1992, 67-97, in Michel Haar, "Life and natural totality in Nietzsche", *Nietzsche-Critical Assessments*, Vol. Ⅱ., trans. Michael Gendre, London・New York: Routledge, 1998, 78); 김주휘는 인간이 자연을 자신의 관점으로 '전제'하고 그것에 '폭력'을 행사하는 면과 자연이 인간에 대해 지니는 야수적 폭력성을 병치하며, 이 자연의 양면성을 니체는 잃지 않았다고 옳게 지적한다. 김주휘, 「니체의 자연 사유에 대한 소고」, 102-103 참조.

[29] "도덕 안에서 '자연'의 회복"(『유고(1887년 가을~1888년 3월)』, 536, *KGW* Ⅷ-2, *NF (1887H-1888M)* 같은 쪽); "(…)이 점에서 우리는 니체에 관한 매우 흔한 오해 가운데 하나를 교정해야 하는데, 그것은 바로 니체를 매우 단순하게 사회적 규범 일반을 부정하고 파괴하는 자로 간주하는 것이다. 사실 니체는 누구보다도 공동체의 규범이 동물적 상태로 태어나는 인간을 인간화하는 역할에 대해 잘 알고 있었고 그 가치를 인정했다."(김주휘, 「니체의 완전주의적 요청에 대한 이해」, 『범한철학』, 제71집 (101-133), 2013, 116)

우리는 자연에 대해서 말하면서 그때 우리 자신은 잊어버린다: 우
리 자신도 자연이라는 사실을.—따라서 자연이란 우리가 그 이름
을 부를 때 느끼는 것과는 전혀 다른 그 무엇이다.30)

자연으로 복귀하면서 인간의 유일성과 현재성은 긍정된다.
니체는 대지와 자연, 인간의 신체를 긍정한다. 자연을 회복한
다는 것은 대지를 회복하는 것과 같으며, 대지의 회복은 인간
이 잃어버린 세계를 회복하는 것이다. 니체의 자연과 신체 개
념은 디오니소스적 사유를 통해 표현된다.

---

30) 『인간적인, 너무나 인간적인 Ⅱ』, 418, *KGW* Ⅳ-3, *Menschliches, Allzumenschliches* Ⅱ (이후 *MA Ⅱ*), 334.

자연인으로서의 주체

척도. 한 사람이 어디까지 자신의 본성을 긍정할 수 있는지-얼마
나 많이 또는 얼마나 적게 도덕을 끌어대야만 하는지...[31]

본능에 대적하는 삶은 하나의 병증일 따름이며 또 다른 병증일
따름이다—그리고 결코 '덕'과 '건강'과 행복으로 향하는 귀로는
아니었다. [...] 본능들에 맞서 싸우지 않으면 안 된다—이것은
데카당스의 공식이다: 삶이 상승하는 한, 행복은 본능과 같은 것
이다.[32]

대지를 긍정함은 그곳에 존재하는 생명과 있는 그대로의 자
연을 긍정하는 것이다.[33] 이는 "생명이 있는 곳, 그곳에만 의
지가 있으며" 그것이 "힘에의 의지"이기 때문이다.[34] 니체는

---

31) 『유고(1887년 가을~1888년 3월)』, 260, *KGW* Ⅷ-2, *NF (1887H-1888M)* 219.

32) 『우상의 황혼』, 95, *KGW* Ⅵ-3, *GD* 67.

33) "생존하는 모든 것은 움직인다; 이 활동성은 특정한 목적을 위해 현존하는 것이 아니라, 그것
이 바로 삶 자체다"(『유고(1880년 초~1881년 봄)』, 24, *KGW* V-1, *Nachgelassene Fragmente
Anfang 1880 bis Frühjahr 1881* [이후 *NF (1880A-1881F)*], 351); 『차라투스트라』, 49 참조,
KGW Ⅵ-1, *Za* 32 참조; "병들어 신음하는 자와 죽어가는 자들이야말로 신체와 대지를 경멸하
고 하늘나라와 구원의 핏방울을 생각해낸 자들이다."(같은 책, 50, *KGW* Ⅵ-1, *Za* 33)

34) 위의 책, 196 참조, *KGW* Ⅵ-1, *Za* 145 참조; "삶의 문제: 힘에의 의지로서"(『유고(1887년 가
을~1888년 3월)』, 9, *KGW* Ⅷ-2, *NF (1887H-1888M)* 3); 마르틴 하이데거, 『니체 I』, 393 참
조, Martin Heidegger, *Nietzsche*, Vol. 2., 144 참조.

자연을 도덕적 자연으로 왜곡한 근대의 한계를 극복하고 다시 **"자연명법**으로 정언명법을 대체"35)하고자 한다.

근대 철학은 자아를 인식론적으로 구성하려 시도했다. 여기서 '자아'는 그것을 구성하는 영역에 따라 공적 자아와 사적 자아로 나누어졌다. 그러나 "근대적 자아에는 긴장이 존재한다. 공적, 도덕적 자아의 영역에서 사적, 미학적 자아의 영역은 '범죄적 쾌락'으로 치부되었다. 반대로 사적, 미학적 영역에서 공적, 도덕적 자아는 자의적이고, 버려도 되는 것으로 간주하였다."36) 그러나 니체의 자아관은 인식론적으로 구성된 자아의 한계를 신체성을 통해 극복하려는 새로운 시도가 될 수 있다. 니체의 근대 형이상학 비판과 도덕 비판, 그리고 민주주의 비판은 공적·도덕적 자아의 기반에 자리한 근대적 인간관의 기반을 교정할 수 있는 출발일 수 있다. 또한 그의 신체성과 자연성, 생명성에 기반을 둔 인간관은 사적·미학적 자아의 '범죄적 쾌락성'을 정제하고 재구성할 수 있을 것이다.

니체의 주체는 신체성을 통한 구성이므로 자연인으로서의 주체는 중요한 출발점이 된다. 그의 사상은 데카르트나 홉스 등의 물리적·기계적 사유에 대항하는 생리적 사유이다. 객관주의, 합리주의 등의 서양 근대성은 지성의 한계로 인해 그 존재기반이 무너지는 도착적·허무적 인식이다.37)

---

35) 『유고(1887년 가을~1888년 3월)』, 20, 강조원문, *KGW* VIII-2, *NF (1887H-1888M)* 12.

36) David Francis Dudrick, B. A., *Problems of the modern Self: reflections on Rorty, Taylor, Nietzsche, and Foucault*, Indiana: University of Notre Dame, 2000, 101.

37) 김정현, 『니체, 생명과 치유의 철학』, 책세상, 2006, 296-297 참조.

근대의 이성주의는 인간의 삶의 터전인 자연을 왜곡시켰으며, 인간은 마치 대지의 피부병처럼 되어버렸다.[38] 즉 인간은 자연을 왜곡시키고 스스로 반자연적 존재자가 되어 버린 것이다.[39] 자연적 생명력을 지지하는 힘이어야 할 도덕도 그 힘을 지성에 결박당했고, 신체의 생명력과 사유의 운동은 지성이 고안한 개념의 획일성과 의무의 구속력에 포박당했다.[40] 자연에서 생명력이 제거된다면 생성의 세계는 허무의 세계로 변질된다.[41] 따라서 인간을 지성의 구속에서 해방하기 위해 자연적 고유성을 다시 인간에게 돌려주어야 한다.[42] 니체는 이것을 **"도덕적 자연주의(moralistischer Naturalismus)"**[43]라고 칭한다. 이는 "표면

---

38) 『차라투스트라』, 224 참조, *KGW* Ⅵ-1, *Za* 164 참조; "자연보존주의자들은 세계적으로 (자연계의) 멸종이 인류가 등장하기 이전보다 1,000배의 속도로 발생한다고 추산한다."(*Time* 誌, April, 13, 2009, 32)

39) "오로지 인간 지성의 소유자와 생산자만이 마치 세계의 축이 인간의 지성 속에서 도는 것처럼 그것을 숭고하게 받아들일 뿐이다"(『유고(1870년~1873년)』, 443, *KGW* Ⅲ-2, *NS (1870-1873)* 369); "(…)보조수단으로 이들에게 부여된 저 지성(…)"(『유고(1870년~1873년)』, 444, *KGW* Ⅲ-2, *NS (1870-1873)* 370)

40) "모든 도덕적 충동은 아마도 소유하고 유지하려는 욕구로 귀결될 수 있을 것이다. […] 결국 사물에 대해 완전히 인식한다는 것이 소유를 추구하기 위한 조건이 될 정도로 말이다. […] 인식은 도덕의 마지막 단계라고 할 수 있다. […] 우리가 찾는 철학은 우리가 소유하고 있는 것에 알맞은, 즉 소유를 미화하는 철학이다"(『유고(1881년 봄~1882년 여름)』, 431, *KGW* Ⅴ-2, *NF (1881F-1882S)* 347); "인식욕 역시 고차원의 소유욕이다"(같은 책, 444, *KGW* Ⅴ-2, *NF (1881F-1882S)* 357); "인식은 개체화에 반대하는, 단 한 사람에게 있어서만 삶의 조건이 되는 취향에 반대하는 작업을 한다"(같은 책, 496-497, *KGW* Ⅴ-2, *NF (1881F-1882S)* 399); "철학자들은 대중과 마찬가지로 그런 일을 했다: 자신들의 편협한 도덕을 사물의 본질에 집어넣은 것이다"(같은 책, 525, *KGW* Ⅴ-2, *NF (1881F-1882S)* 422); "자연에는 살아 있는 자에 찬성하거나 죽은 자에 반대하는 편파성이 없다. 무엇인가 살아 있으면서 계속 보존되지 않으면, 달성되지 못한 어떤 목적도 없다! '유용하다' '합목적적이다'라는 특징은 장식적이고 인간적이다"(같은 책, 615, *KGW* Ⅴ-2, *NF (1881F-1882S)* 494); "신체는 의식에 잡혀 있는 한에서 충동들로부터 분리된다."(피에르 클로소프스키, 『니체와 악순환—영원회귀의 체험에 대하여』, 조성천 역, 51)

41) 『유고(1887년 가을~1888년 3월)』, 343 참조, *KGW* Ⅷ-2, *NF (1887H-1888M)* 289 참조.

42) "도덕적 가치 대신에 순전히 자연적 가치. 도덕의 자연화"(위의 책, 13, *KGW* Ⅷ-2, *NF (1887H-1888M)* 6)

43) 위의 책, 57, *KGW* Ⅷ-2, *NF (1887H-1888M)* 44.

상으로만 해방된 가치로 보이는 초자연적인 도덕 가치를 그것의 '자연 본성'으로 환원"[44]하는 것이다. 이 '자연 본성'은 "자연적 비도덕성"이며 "자연적 유용성"이다.[45] 신체는 유약한 육체가 아니며, 반복하여 생성하는 자연의 힘을 담는다.[46]

파괴와 생성 개념들을 생산하는 것은 신체이며, 신체성이다. 자기 역시 고유한 자연성으로서의 신체성이며, 타자들과는 다르게 표현된 개별적 신체성이라고 말할 수 있다. 니체는 인간을 자연으로 돌리기 위해 신체를 일원적·발생적으로 구성한다. 그는 기존의 이원적 관점에서 구성된 신체를 해체한다. 신체성은 인간을 자연으로 접근시키는 표현이다. 전통적 형이상학의 주장이 아닌 생리학적 차원에서 다시 구성된 신체, 그것을 위해 니체는 의학·생리학·물리학·심리학 등 자연과학을 살펴본다. 그 결과물의 하나가 힘에 대한 의지이며, 신체성이다.

자연에 기반을 둔 신체적 주체들의 도덕적 힘의 형성과 충돌은 인간을 규정하는 전통적 관점과는 다른 새로운 인간관을 세우게 한다. 자연인으로서 주체들의 삶은 전통적 도덕이 규정한 인간의 형식적 존재성을 탈피한다. 인간이 그들의 삶을 형식적 관점에서 탈피하여 자연의 거대한 관점으로 살필 때 그들의 삶

---

44) 위의 책, 같은 쪽, *KGW* VIII-2, *NF (1887H-1888M)* 같은 쪽.

45) 위의 책, 같은 쪽 참조, *KGW* VIII-2, *NF (1887H-1888M)* 같은 쪽 참조.

46) "본능에 대적하는 삶은 하나의 병증일 따름이며 또 다른 병증일 따름이다-그리고 결코 '덕'과 '건강'과 행복으로 향하는 귀로는 아니었다. […] 본능들에 맞서 싸우지 **않으면 안 된다**-이것은 데카당스의 공식이다: 삶이 **상승**하는 한, 행복은 본능과 같은 것이다"(『우상의 황혼』, 95, 강조원문, *KGW* VI-3, *GD* 67); "영원한 삶, 삶의 영원회귀; 과거 안에서 약속되고 신성시된 미래; 죽음과 변화를 넘어서 있는 삶에 대한 개가를 부르는 긍정(…)"(같은 책, 202, *KGW* VI-3, *GD* 153)

은 적극적이고 창조적일 수 있는 힘의 원천을 획득한다.

　자연에 토대를 둔 신체적 주체들은 그들의 삶을 세울 수 있는 거대한 힘을 획득한다. 그런데도 이제 그 힘들이 무엇을 위해 사용되어야 하는가는 여전히 문제로 남는다. 그 힘들의 방향을 보다 구체적으로 제시해주는 관점이 그의 생명 사상이다. 주체들의 힘을 제공하는 거대한 자연에 기초한 순수한 생명, 그것이 이 글의 마지막 장이다. 그가 말하는 생명을 보다 긴밀히 이해하기 위하여 먼저 존재자들의 생명에 대한 큰 가치 구분으로서 건강과 병의 문제를 먼저 검토해볼 것이다. 이것은 우리가 새로운 주체를 세우기 위하여 먼저 새로운 건강을 말해야 하기 때문이다. 그것은 무엇이 병이고 무엇이 건강인가의 문제이기도 하다.

5

자기(自己)와 생명(生命)

"생명 그 자체는 본질적으로 이질적인 것과 좀 더 약한 것을 자신의 것으로 만드는 것이며, 침해하고 제압하고 억압하는 것이며 냉혹한 것이고, 자기 자신의 형식을 강요하며, 동화시키는 것이며 가장 부드럽게 말한다 해도 적어도 착취이다"(『선악의 저편』, 273, *KGW* VI-2, *JGB* 217); 생명은 개념적으로 정의하기 어렵다. "자연과학적 방법에 따라서, […] 생리적 정의는 생명의 본질적 특성을 보여주지 못하고, […] 대사적 정의 역시 상당 기간 대사 작용 없이도 살아 있는 종이 있다. […] 유전적 정의 역시 일벌이나 노새와 같이 예외적인 경우가 있으며, […] 생화학적 정의 역시 스크라피 병원균의 경우 숙주의 핵산분자를 활용해 번식하는 예외적인 종들이 있기 때문에 생명에 대한 정의로 적절하지 못하다. […] 열역학적 정의가 있지만, 이 또한 높은 질서 유지기능을 가지고 있다고 해서 그것을 다 생명체라고 단언하기는 어려울 것이다"(변순용, 「생명의 생태학적 의미에 대한 연구-니체와 슈바이처를 중심으로」, 『범한철학』, 제56집(범한철학회, 2010), 236-237); 자연과학은 […] 내적 생명현상에 대해서는 아직 충분히 해명을 못하고 있다. 생명의 발생과 운동은 자연과학적 탐구 이전에 그것을 넘어서는 형이상학적·해석학적 결단이 요구된다. (변순용, 같은 책, 같은 쪽 참조)

병과 건강[1]

> 근본적으로 철학은 개인이 건강해지는 법에 대한 본능이 아닐까?
> 나의 대기, 나의 높이, 나의 기후, 나름의 건강을 두뇌라는 우회로
> 를 통해 추구하려는 본능이 아닐까? 다른 많은, 그리고 분명히 더
> 욱 높은 숭고한 철학들이 존재한다. 그리고 나의 철학보다 더 음
> 울하고 까다로운 철학들만 존재하는 것은 아니다. 아마 그것들도
> 모두 그러한 개인적인 충동들의 지성적인 우회로에 불과한 것은
> 아닐까?[2]

　니체에게서 건강과 병은 대립적이라기보다 서로 포함하고 의
존한다. 삶은 건강과 병의 지속적인 투쟁이며 교차이다. 완전
한 건강이란 획득하기 어려우며, 상대적이다.[3] 중요한 것은 오
히려 회복이다. 니체에게서 건강과 병은 단지 신체에 국한한
개념은 아니다. 건강과 병은 개인의 육체와 정신을 넘어, 시대
의 문화에까지 확장한다.

---

1) 필자가 '병과 건강'의 순서로 말하는 것은 '데카당스로부터의 회복'을 강조하기 위해서이다.

2) 『아침놀』, 413, *KGW* V-1, *M* 327-328.

3) "어떤 한 사람에게 건강으로 보이는 것이 다른 사람에게는 건강에 반대되는 것으로 나타날 수
　도 있을 것이다."(『즐거운 학문』, 196, *KGW* V-2, *FW* 155)

철학조차도 신체와 연관된다. 철학은 "하나의 지속적이고 강한 충동을 이성으로 번역하는 것"4)일 수 있다. 따라서 철학은 지성이 신체와 그 활동에 가하는 해석 혹은 이해나 오해일 수 있다.5) 마찬가지로 한 인간의 형이상학은 그 인간의 특정한 신체의 증상에 불과할 수도 있다.6) 나아가 한 시대 또한 건강과 병의 징후(徵候)를 보인다. 이때 철학은 그 시대와 시대인들의 건강을 회복하기 위한 의사의 역할을 해야 한다.7) 의술은 삶과 죽음 사이에 위치하며8) 그 방향을 가르기 때문이다. 한 명의 인간이 삶에서 많은 건강과 병의 단계를 거치듯, 철학자도 많은 종류의 건강 상태를 통과하며, 그 해석인 많은 종류의 철학을 통과한다.9)

그런데 그동안 니체의 사상은 그 개념들을 대립적으로 관찰하여 해석하는 경향들이 있었다. 건강과 병을 대립시키고, 위버멘쉬와 마지막 인간을 대립시키며, 초월과 대지, 신과 인간을 대립시킨다. 그러나 우리는 사물을 대립시키는 것이 비교를 전제하며 이 비교는 차별되는 사물들인데도 불구하고 그것들의

---

4) 『아침놀』, 413, *KGW* V-1, *M* 327.

5) 『즐거운 학문』, 27 참조, *KGW* V-2, *FW* 16 참조; "혹자는 자신의 결핍에서 철학을 하고, 또 혹자는 자신의 풍요로움과 활력에서 철학을 한다."(같은 책, 25, *KGW* V-2, *FW* 15)

6) 위의 책, 같은 쪽 참조, *KGW* V-2, *FW* 같은 쪽 참조.

7) 위의 책, 27 참조, *KGW* V-2, *FW* 17 참조; "(…)철학자 […] 천 개의 다리와 천 개의 촉각(…)" (『선악의 저편』, 173, *KGW* Ⅵ-2, *JGB* 136)

8) 디오니소스와 유사하게 의술의 신 아스클레피오스는 신 아폴론과 인간 코로니스의 아들이다. 그는 인간의 몸에서 태어나 신이 되었고 불사의 신인데도 죽어야 했던 모순적 존재자였다. 이윤기, 『그리스 로마 신화 3』, 38, 161 참조; "디오니소스와 아스클레피오스에게는 또 다른 공통점이 있다. […] 죽음 및 재생과 밀접한 관계가 있는 신들이, 새까맣게 탄 어머니의 몸속에서 나왔다는 신화가 퍽 의미심장하다."(이윤기, 같은 책, 162-163)

9) 『즐거운 학문』 28 참조, *KGW* V-2, *FW* 17 참조.

질적 동일성을 전제하는 것임을 이미 살폈다. 건강과 병을 대립시키면서 건강이, 위버멘쉬와 마지막 인간을 대립시키면서 위버멘쉬가 목적이 되기 쉽다. 나아가 하나의 건강과 한 명의 위버멘쉬를 상정하면서 건강을 위한 조건을 분석하고, 위버멘쉬가 되기 위한 윤리적 조건과 기질들을 분석한다. 그런데 니체는 수많은 건강10)을 말하지 않았던가?

이러한 오류들을 원천적으로 봉쇄하고 제거할 니체의 거대한 개념이 디오니소스이다. 신과 인간, 병과 건강, 삶과 죽음, 귀족과 천민의 유형을 한 몸에 지닌 자, 디오니소스가 바로 그런 자이다. 니체가 말하는 건강은 병을 전제하고, 위버멘쉬는 마지막 인간을, 초월은 대지를, 신은 인간을, 위대함은 데카당스를 전제한다.

따라서 니체의 사상이 온전히 일원론적인 견지에서 전개되려면 그동안 대립적으로 관찰되고 해석된 니체의 개념들은 그 해석의 연속성이 부여되어야 그의 사상에 부합하게 된다. 일례로 필자가 볼 때 위버멘쉬가 도달되어야 할 하나의 상태가 아니듯 데카당스도 버리기만 해야 할 상태만은 아니다. 그것들은 상호 전제하는 운동 개념이다. 상호 전제해야만 위버멘쉬는 데카당스를 지속해서 지양하고 자기를 구현해 나갈 수 있기 때문이다.

인간에게서 드러난 힘의 순환은 위대함과 비루함이다. 힘이 상승할 때 한 인간의 힘은 위대함으로 드러나고, 힘이 하강할

---

10) 『차라투스트라』, 130, *KGW* VI-1, *Za* 96.

때 그 힘은 비루함으로 드러난다. 주체는 비루함과 위대함으로
자신을 표현한다. 이것은 힘의 총량이 고정되어 있으며 순환하
고 있고, 그 순환으로 사태와 사건은 영원히 회귀하기 때문이다.

니체 사상에서는 하나의 관점만으로 구성되거나 하나의 평가
만을 지니고 있는 사물과 사태는 존재하지 않는다. 아직도 우
리가 목격하지 못한 천 개의 생명의 섬[11]이 있다. 관점의 개방
성은 평가의 다양성을 낳는다. 니체의 표현이 지닌 문체의 개
방성[12]은 그의 사상의 개념들을 상대적인 해석과 평가의 다양

---

11) "천 개나 되는 숨겨진 생명의 섬(…)"(『차라투스트라』, 같은 쪽, *KGW* VI-1, *Za* 96).

12) 한 명의 사상가는 어쩔 수 없이 그의 개인적인 분위기와 색깔을 그의 문장에 담는다. 니체는
유효적절하게 자신의 사상을 시나 산문, 플롯(plot), 논증 등으로 다양하게 전개한다. 어쩌면
이렇게 다양한 문체와 관점을 통한 하나의 문제가 바로 삶일 수도 있다. 나아가 철학은 특정
한 문제에 구속될 수도 없다. 글을 쓰는 방식은 철학을 하는 한 방식이기 때문이다; 철학자는
멀리 서 있는 사람들이며 그들의 체계는 개인적인 분위기와 색깔을 지니고 있다(『유고(1870년~
1873년)』, 351 참조, *KGW* III-2, *NS (1870~1873)* 295 참조); 니체는 문체를 "기호의 속도를 포
함해서 그 기호를 통한 파토스의 내적 긴장 상태를 **전달**하는 것(…)"(『이 사람을 보라』, 382-383,
강조원문, *KGW* VI-3, *EH* 302)으로 정의한다; 이런 입장에서 네하마스는 니체 사상의 문체, 특
히 메타포에 주목하였다. 그가 볼 때 문체는 생명이다. 카우프만(Kaufmann)은 니체를 일관된
체계가 없는 비체계주의자로 해석하고 실험주의라 이름을 붙인다. 하이데거 또한 니체를 비체
계주의자로 불렀다. Wayne Klein, "The philosopher as writer: form and content in Nietzsche",
New Nietzsche Studies, Nietzsche Society, Vol. 2., No. 3&4(41-62), Summer 1998, 44 참조; 반
면 네하마스는 니체의 스타일에 주목한다(같은 책, 43 참조). 그는 니체 저서들의 문체에 중점
을 둔다. 이로써 그는 니체 사상의 다의성과 상대성을 강조하고 그 해석의 필연적 불완전성을
말하며 이것으로 니체는 새로운 체계를 의도하였다고 주장한다. 또한 네하마스는 니체 사상의
유기성을 강조하기도 한다(같은 책, 53 참조); "니체의 문체는 철학에서 그의 혁명의 본질적
지점으로 인정되고 평가받고 있다"(알렌카 주판치치(Alenka Zupančič), 『정오의 그림자-니체와
라캉』, 조창호 역, 도서출판 b, 2005, 8); 니체의 문체는 산의 정상에서 정상으로 건너뛰며 깊
은 심연과 표면을 서로 만나게 한다(Richard Lowell Howey, "Some difficulties about reading
Nietzsche", *Nietzsche Studien*, Band 8(1979), Berlin·New York: Walter de Gruyter, 381 참조);
"창조성은 세계를 인간의 상(Image)에 따라 조형하는 것을 의미하며, […] 세계를 자신의 상
(Image)에 따라 창조하는 것이다."(Herry Neumann, "Superman or Last man?-Nietzsche's
interpretation of Athens and Jerusalem", *Nietzsche Studien*, Band 5(1976), Berlin·New York:
Walter de Gruyter, 1, 괄호 원문); 많은 비평가들은 니체의 관점주의 역시 하나의 관점을 의미
하는 것이기에 그의 관점주의는 자기 모순적이라고 주장하였다. 그러나 네하마스는 『니체: 문
학으로서의 삶』에서 "니체는 자신의 삶을 문학 작품으로 제시하는 것에 의해서 선악의 경계를
넘어선다고 설득적으로 주장한다."(Daniel. W. Conway, "Perspectivism and Persuasion",
Nietzsche Studien, Band 17(1988), Berlin·New York: Walter de Gruyter, 555)

성에 노출한다. 이것이 독자들에게 주는 독해의 개방성은 불가 피하게 해석의 다양성을 낳게 한다.[13] 그런데도 니체의 사상은 현대 사유의 병리인 지성 위주의 세계관에 대한 경계, 과학적 세계관에 대한 염려, 진화론적 생물학주의에 대한 진지한 비판 들을 풍부하게 지니고 있다.

> 다만 저들이 병으로부터 건강을 되찾는 자가 되어 자신을 극복하
> 고 더 높은 신체를 창조하기를 바랄 뿐이다![14]

니체는 우리가 **"병을 앓지 않고 살 수 있을 것인가(…)"**[15] 하고 묻는다. 니체는 자신에게 주기적·발작적으로 다가오는 병과 건강의 교차를 통해 인간과 시대의 건강을 살폈다. 따라 서 "병중이라는 것은 심지어 삶에 대한 자극으로서, 아니 그 이상으로서 하나의 힘이 될 수도 있는 것이다."[16] 니체는 '병

---

13) 특히 니체 사상에 대한 한 관점이 경도된 해석의 극단성은 니체의 의도와는 무관하게 병리적 으로 전도되기도 하였다. 일례로 나치즘은 니체의 사상을 병리적으로 해석한다; 니체의 사상 을 나치즘에 관련시킨 해석들의 영향은 방대하여 니체를 나치즘의 선구자로 믿는 편견이 아직 도 잔존한다. 하이데거는 나치의 국가사회주의에 자신의 개인적 각색을 더하여 니체에 대하여 방대한 비평작업을 수행하였다. 바타이유(Georges Bataille)와 야스퍼스는 이러한 니체의 친나 치적 해석에 반대하는 작업을 수행했다. 카우프만은 니체 사상에서 나치의 색깔을 제거하는 데 공헌이 크다. 그러나 나치만이 니체 사상을 왜곡시킨 것에 책임이 있는 것은 아니다. 미국 과 영국의 언론들이 제2차 세계대전 중 니체의 사상을 나치즘의 선구로 보도하면서 니체 사상 의 왜곡은 더욱 확산하였다. 이것에는 마르크스주의자들 또한 책임이 있다. 대표적으로 게오 르그 루카치는 나치 철학자들이 니체를 이용하기 위하여 해석한 것 이상으로 니체는 친나치적 이었다고 주장하면서 니체의 사상을 공격하였다. 이에 대해서는 Tagungen, "Political uses and abuses of Nietzsche", Rudolf E. Kuenzli, *The Nazi appropriation of Nietzsche*, *A special session at the convention of the modern language association of America*, Houston/Texas, Dec.1980, *Nietzsche Studien*, Band 12(1983), Berlin·New York: Walter de Gruyter, 428-434 참조; 그러나 이는 신체 의 기질이 특정하게 현상을 해석한다는 니체의 사상을 입증한 결과 이외에 다른 것이 아니다.

14) 『차라투스트라』, 50, *KGW* VI-1, *Za* 33.

15) 『즐거운 학문』 196, 강조원문, "(…)Erkrankung *entbehren* könnten, (…)"(*KGW* V-2, *FW* 155, 이탤릭체 강조원문)

이 듦'과 '건강의 회복'이라는 문제로 신체를 사유한다. 병자는 섭생(攝生)을 통해 건강을 회복한다. 병과 건강은 섭생을 통해 위생학·생리학·의학적 관점에서 구성될 수 있다. 이렇듯 니체 인간학의 핵심은 신체성이다.

근대 학문이 지성으로 정의한 자연과 생명은 신체에 대한 니체의 사유와는 모순된다. 신체에 관한 니체의 고유한 관점은 그의 사상 전반에서 등장한다. 신체는 병과 회복을 죽지 않는한 반복한다. 그리고 그 반복이 신체의 본성이다. 그렇다면 만약 그것이 우리의 운명이라면 우리는 철저히 그것을 다시 한번, 아니 영원히 의욕해야 하지 않겠는가?[17] 따라서 이제 인간에 대한 철학의 탐구는 도덕적 인간으로부터 고통당하는 신체를 가진 실존적 인간으로 관점이 돌려져야 한다.

인간의 삶은 긴 고통이며 혼돈의 과정이다.[18] "춤추는 별을 탄생시키기 위해 사람은 자신들 속에 혼돈을 지니고 있어야 한다."[19] 자기 내부의 혼돈을 기피하고 자기의 별을 탄생시키지 못함은 슬픔[20]이다. 니체는 질서정연한 우주로서의 코스모스(Cosmos)를 갈구하지 않는다. 혼돈으로서의 카오스만이 힘에의 의지를 산출할

---

16) James M. Ford, *Nietzsche, nihilism, and Christian theodicy*, 36.

17) "이 **삶—너의 영원한 삶**"(「유고(1881년 봄~1882년 여름)」 510, 강조원문, *KGW* V-2, *NF (1881H-1882S)* 411)

18) 니체는 루소와 괴테를 칸트, 헤겔에 비해 우월하게 평가한다. 그 이유는 그들이 사유에 관한 사유가 아닌 현재적 고통으로부터 사유를 시작했기 때문이다. Catherine Zuckert, "Nature, History, and the Self", *Nietzsche Studien*, Band 5(1976), Berlin·New York: Walter de Gruyter, 71, 73 참조.

19) 「차라투스트라」, 24, *KGW* VI-1, *Za* 13.

20) "머지않아 사람이 더 이상 별을 탄생시킬 수 없게 될 때가 올 것이니. 슬픈 일이다!"(위의 책, 같은 쪽, *KGW* VI-1, *Za* 같은 쪽)

수 있으며 질서를 넘어선 새로운 질서를 창조할 수 있기 때문이다. 카오스는 힘의 원천이며 힘의 집결 형식이다.21) 니체에게 최초의 우주는 카오스이다. 자연은 자신을 스스로의 힘에 의해 산출하므로 우주론적 제1원인은 상정되지 않는다.

그러나 도덕은 코스모스적 질서에서 산출된다. 따라서 춤꾼은 도덕적 음악에 춤을 추지 않는다.22) 도덕과 춤은 불화할 수밖에 없으며, 춤꾼의 음악에 도덕적 판정은 개입할 수 없다. 신과 피조물의 관계는 인간과 도덕의 관계와 유사하다. 원한이 있다는 것은 도덕이 관계에 병을 남기고 있다는 말이다. 인간의 사회가 있는 한 존재하게 될 도덕적 원한은 인간 존재자의 병이다.23) 그러나 병을 앓고 그것을 극복한 인간은 그것으로 인해 더 건강해질 것이다.24) 원한이라는 도덕의 병을 극복하면서 주체는 타자에 대한 관심을 비로소 자기에게로 돌리며, 자기를 관계의 중심에 놓는 도덕으로 귀환한다. 사회 또한 태생

---

21) 백승영은 카오스와 관련하여 중요한 문제를 남긴다. 그녀는 힘에의 의지들이 난투하거나 집결하는 방식을 다음과 같이 표현한다. "단독적 힘에의 의지의 단독적 상승추구라는 것은 불가능하기 때문이다. 이런 힘에의 의지들의 상호작용에서는 당연히 힘의 위계질서가 매 순간 결정된다. 그래서 힘에의 의지들의 무원칙적 병렬이나 단순 병렬, 혹은 아나키적 병렬은 있을 수 없다."(백승영, 「힘에의 의지의 관계론, 그 실천철학적 함축」, 『니체연구』, 제24집(한국니체학회, 2013), 124의 각주 7) 백승영은 조정(Cordination)을 '질서 잡는 힘'이 아닌 '관계에서의 힘의 타협'으로 생각한다. 그녀 스스로 조정을 "어느 하나의 지배"로 표현하고 있음에도 불구하고 말이다. 같은 책, 124-125, 주 7 참조. 백승영은 동일 논문 133쪽에서 힘에의 의지들이 '협조적 조정'을 한다고 말하면서 주 24)에서 이 협조란 '대립적 힘들 사이의 상호작용'이므로 '협조'라는 용어가 무난하다고 말하는데 과연 그런지 의문이다. '협조'라는 말은 혼돈에서 도출하는 힘에 질서를 부여하는 뉘앙스가 강하기 때문이다. 카오스적 힘은 투쟁·경쟁하며 생성·파괴하는 헤라클레이토스적 힘이기 때문이다.

22) "도덕을 넘어서 춤을 추게 하는 자유로운 춤곡(…)"(『이 사람을 보라』, 418, *KGW* VI-3, *EH* 332)

23) "병들어 있다는 것 그 자체는 일종의 원한**이다**."(위의 책, 341, 강조원문, *KGW* VI-3, *EH* 270)

24) 위의 책, 332 참조, *KGW* VI-3, *EH* 263 참조.

적으로 지닌 원한이라는 도덕의 병을 극복하면서 개인과 사회
는 더욱 건강해진다.

여태껏 인간은 도덕으로 인해 쇠약해지고 지성으로 인해 자
연으로부터 소외되었다. 따라서 도덕을 지양하면서 생성한 각
자의 덕은 그에게는 건강이며, 각자의 건강은 그의 최고 힘이
다. 언급하였듯 온전한 건강과 병은 니체의 사상에서는 존재하
지 않는다.25) 한 인간, 나아가 하나의 사물과 사건에서도 건강
과 병은 공존하며 이것은 단지 정도의 문제일 뿐이다.26) 이것
은 위대함의 전제가 데카당스이며, 데카당스를 겪어내지 못하
고서는 위대함을 이루지 못하는 것과 같다.

또한 필자는 다음과 같이 위버멘쉬와 데카당스의 운동을 보
고자 한다. 위버멘쉬는 건강의 극대화이며, 마지막 인간은 병의
극대화이다. 위버멘쉬는 마지막 인간의 뒤에 출현한다. 마찬가
지로 건강 또한 병의 뒤에 출현한다. 역으로 위버멘쉬의 뒤에
데카당스가 출현하며, 건강의 뒤에 병이 갑작스레 출현한다. 그
런 의미에서 위버멘쉬와 건강하고자 하는 자는 자기를 놓지 않
는 고도의 긴장을 필요로 하며, 자기를 방기하면서 데카당스의
양태와 병은 주체의 신체를 제압한다. 마지막 인간을 경험하지
않고서, 병을 체험하지 않고서 위버멘쉬와 건강은 출현하지 않

---

25) "건강 그 자체는 존재하지 않는다."(『즐거운 학문』, 195, *KGW* V-2, *FW* 155)

26) "병든 것이 질병 때문인지 아니면 과도한 건강 때문인지"(『유고(1887년 가을~1888년 3월)』,
241, *KGW* Ⅷ-2, *NF (1887H-1888M)*, 203); "…그(니체)의 저서들은 그의 탄생과 분만, 그 모
든 변전, 죽음과 신생에 관한 역사를 담고 있었다"(슈테판 츠바이크, 『니체를 쓰다』, 원당희
역, 세창미디어, 2013, 91, 괄호 필자); "무엇이 병들었고 무엇이 건강한가? 무엇이 무리적이고
무엇이 특이적인가?"(피에르 클로소프스키, 『니체와 악순환-영원회귀의 체험에 대하여』, 25)

는다. 육체의 노쇠함이 신체의 무능력은 아니고, 병색의 완연함이 죽음의 점령인 것도 아니다. 현재의 신체로부터 건강은 시작한다. 현재가 다시 기운을 차리고자 하면서 미래는 건강으로 회복되고자 한다. 쇠약함의 극한과 죽음을 앞둔 병으로부터 인간은 자신을 극복하며 건강을 회복할 수도 있다. 아무리 심각한 병일지라도 그것으로부터 우리는 회복하고 건강해질 수 있는 것이다. 그리고 그 건강을 회복하는 운동에 우리가 진정으로 종사하는 한 우리는 위대하다고 말할 수 있을 것이다.

소크라테스는 당대의 데카당스를 자신의 방식으로 극복한 위대한 철학자였지만 또한 그 역시 그 시대에서 하나의 위대함을 위한 전제로서 데카당스의 역할 또한 수행하였다. 기독교 또한 고대의 데카당스를 자신의 방식으로 극복하였지만 사제의 비루한 영향에 데카당스로 전락하고야 만다. 이렇게 볼 때 이제 건강은 병을 통해 새롭게 구성되어야 한다. 따라서 니체가 말하듯 위대한 건강은 새로운 건강일 수밖에 없다.[27]

니체가 볼 때 근대인은 진실로 병들어 있다. 이제 그 병으로부터의 회복이 문제가 되고 그 회복을 위한 처방을 니체는 고대 그리스로부터 끌어낸다. 니체는 존재하였던 인간의 역사를 통해 근대인들의 다른 삶의 가능성을 타진하고 있는 것이다. 니체가 볼 때 완전한 건강이 아니라 단지 순수의 상태로부터 퇴락하게 된 인간의 병으로부터 근대인들의 회복이 훨씬 긴박

---

27) "**위대한 건강**"으로서의 "새로운 건강"(『즐거운 학문』 392 참조, 강조원문, *KGW* V-2, *FW* 317-318 참조)

했을 뿐이다. 비유하자면 니체가 바라본 병든 신체는 병든 독일, 병든 유럽, 그리고 병든 근대인이다.

니체는 자신의 병으로부터 이웃의 병을 보고, 그 이웃으로부터 독일 민족을, 독일 민족을 통해서 전체 유럽을, 그리고 유럽의 질병을 통해서 전 인류의 질병을 관찰하고 진단한다. 니체는 병든 삶, 병든 사유, 병든 인간, 병든 문화와 전력을 다해 투쟁하며, 그의 사상은 그것들과의 투쟁에서 이기는 전략이자 처방이다. 이것은 니체의 삶이 곧 병과 건강의 무수한 교차와 회귀였기 때문이다.

> 인간은 병적인 상태를 인식하기 위해서 건강한 상태에 대해 알아야 한다—그러나 건강 자체는 **이미 존재하는 것**에 따라 우리 안에서 생겨난 관념에 지나지 않는다.[28]

니체에 의하면 병을 알기 위해 건강을 알아야 하지만, 그 건강이라는 것은 단지 우리의 관념일 뿐이다. 건강은 이미 존재하는 존재자에 전적으로 의존하는 관념일 뿐이다. 즉 존재자가 자신의 건강을 결정짓는 것이지 건강이라는 관념이 존재자의 존재 양태를 결정하는 것은 아니다.

변화무쌍한 자연의 공포에 놀란 우리가 자연을 악하다고 비

---

28) 『유고(1881년 봄~1882년 여름)』 439, 강조원문, *KGW* Ⅴ-2, *NF (1881F-1882S)* 353; 유사하게 스페인의 철학자 미겔 데 우나무노(Unamuno Y Jugo, Miguel de)는 그의 저서 (『삶의 비극적 감정(*Del sentimiento trágico de la vida en los hombress yen los pueblos*)』, 장선영 역, 누미노스, 2010)에서 건강에 대한 표준적 개념을 거부한다. "표준적 건강개념은 없다. […] 천성적으로 명랑 쾌활해야 한다는 것은 증명된 적이 없다. […] 건강은 추상적 개념이다."(미겔 데 우나무노, 같은 책, 58-64 참조)

난할 수 없듯이 병과 건강이 반복되는 한 인간의 운명을 우리가 데카당스하다고 비난할 수는 없다. 병과 건강의 문제는 다원적 관점으로 접근해야 한다. 그리고 그 판단의 준거는 개별자의 삶에 전개되는 힘의 양태이다. 그렇지만 병을 건강으로, 건강을 병으로 오인하는 것은 데카당스다. 자기의 신체를 해하는 것을 약(藥)으로, 신체를 북돋는 것을 독(毒)으로 오해하는 것이 무지이듯 말이다. 이때 그 병과 건강을 분간해내는 것은 주체의 힘 작용이다. 주체는 자기의 힘을 쇠약게 하거나 증진하는 병과 건강의 목록을 자기에게 의지하여 만들어야 한다. 그것은 자기에게 의거한 힘의 목록이자 그 자체로 힘의 발휘이다.

병과 건강은 힘이 정직하게 표출된 정도를 말하는 것이며, 이 힘의 표출을 우리는 다원적 관점으로 읽어야 한다. 이때 문제는 무엇이 병이며 건강인지가 아니라 무엇이 힘의 능동적 표출 혹은 수동적 표출인지의 문제가 된다. 따라서 자기의 힘을 진작시키기 위한 관점을 세계에 투사하는 것이 바로 창조이며, 가치의 전도이다. 질서 지울 수 있는 힘을 지닌 주체가 주인이며, 질서 지울 수 있는 힘을 외부에 의거할 때 그 주체는 노예이다. 즉 자기로의 힘의 결집과 그것을 수행하는 주체에 대한 긍정의 수행 유무에서 주인과 노예가 갈린다.

이제 신체적 주체의 병과 건강에 대한 문제는 그 주체가 딛고 사는 세계의 병과 건강에 대한 문제로 나아가게 된다. 그 주체의 세계는 유일하게 긍정해야 할 하나의 대지이며, 그 대지는 생명이 충만한 세계 이외에 다른 세계가 아니게 된다.

대지와 생명의 긍정

　니체의 사상은 대지, 생명, 생성의 개념을 통해서도 접근할 수 있다. 생명이 있는 곳에 대지가 있다. 대지는 생명을 함유하고, 생명체가 존재하며 생활하는 거주의 공간이다. 니체는 동일한 목표와 고정된 이상을 부인하고, 생성하는 흐름과 그 다수의 생성을 긍정한다. 존재한다는 것은 생성하는 것이며, 생성하는 것만이 존재한다. 존재한다는 것은 살아 움직이는 것이며, 살아 움직이는 것은 바로 생성을 말하는 것이기 때문이다. 또한 죽음의 단계에 이른 생물은 단지 사물로 그치므로 생성으로서 존재한다고 말할 수는 없기 때문이다.

　그러나 단지 지성이 생성을 정지의 관점에서 존재라고 칭할 뿐, 세계 내에 멈추어 서 있는 존재자와 양태는 없다. 나아가 세계의 생성, 그 내부의 생명은 그 자체로 긍정되어야 한다. 자체로 긍정한다는 말은 모든 도덕적 규정으로부터 탈출한다는 말이다.29) "우리의 유기체를 생기의 완전한 비도덕성 내에서

---

29) "다른 한편 무죄는 의식 있는 존재자와 세계 내의 인간적 국면에만 적용된다. 나무는 무죄이지도 유죄이지도 않다. 물론 니체는 무죄라는 말로 이 세계가 그 자체로 정당하다는 것을 또한 의도한다. 세계를 비난하거나 판단할 플라톤적인, 또는 유대-기독교적인 표준은 없다."(John

연구하는 것이 바람직한 활동이다."30) 결국, 철학에서의 존재
자란 생성과 생명의 성격이 각인된 채로 규정되어야 하는 것이
다. 나아가 "생성이란 최종적인 의도에까지 이르는 의존 없이
설명되어야 한다. 생성이란 최종적인 상태를 목표하지 않으며,
'존재'로 흘러가지 않는 것이다."31) 모든 존재자는 세계의 밖
과 인간의 지평 너머가 아닌 바로 우리의 앞에, 도처에, 모든
생성 속에 존재하며 활동 중이다.32)

"생명이란 다양한 투쟁자가 서로 동등하지 않게 성장하는 **힘
의 확립 과정**의 지속적 형식"이다.33) 생명은 그 본래성이 다원
성이며34), 이 본래성은 개체의 존재에서는 유한으로 끝나지만
그 힘에서는 무한으로 반복되는 존재자 내부의 성질이다. 오직
생명이 있는 곳에만 힘에의 의지가 있다.35) 또한 생명이 각자
의 힘에의 의지를 지향한다면, 그 의지는 개별자의 "취향과 미
각을 둘러싼 투쟁(…)"36)일 수밖에 없다. 그리고 존재자 각자

Stambaugh, 위의 책, 165)

30) 『유고(1887년 가을~1888년 3월)』, 334, *KGW* Ⅷ-2, *NF (1887H-1888M)* 282.

31) Alexander Nehamas, "How one becomes what one is", *Friedrich Nietzsche*, ed. Harold Bloom, New York: Chelsea House Publishers, 1987, 135; "목적과 목표로부터 자유로운 생성은 순수하다."(John Stambaugh, 위의 책, 169)

32) 『유고(1870년~1873년)』, 397 참조, *KGW* Ⅲ-2, *NS (1870-1873)* 332 참조.

33) 『유고(1884년 가을~1885년 가을)』, 371, 강조원문, *KGW* Ⅶ-3, *NF (1884H-1885H)* 284.

34) 한나 아렌트는 인간의 복수성 또는 다원성으로 그의 정치 철학적 원리를 구성하며 그녀에게 인간의 복수성이란 말은 인류 또는 인간성이란 말의 필요 전제이다. 이에 대해서는 한나 아렌트, 『예루살렘의 아이히만』, 김선욱 역, 한길사, 2014, 28의 역자 소개 참조, 아렌트는 생명, 세계성, 다원성을 인간 실존의 세 조건이라고 명명한다. 한나 아렌트, 『인간의 조건』, 이진우·태정호 역, 한길사, 2014, 35 참조.

35) "오직 생명이 있는 곳, 그곳에만 의지가 있다. 그러나 나 가르치노라. 그것이 생명에 대한 의지가 아니라 힘에의 의지라는 것을."(『차라투스트라』, 196, *KGW* Ⅵ-1, *Za* 145)

36) 위의 책, 199, *KGW* Ⅵ-1, *Za* 146; "덕이 마침내 우리에게 익숙해졌다면, 사람들은 또한 그것을

의 취향과 미각을 둘러싼 힘에의 의지는 각자가 자신에게 적합한 대지를 찾고 그 위에서 거주하려는 의지이며, 이는 결국 자기로 가는 의지이다. 그래서 생명체의 모든 활동은 각자의 놀이이며 그에게 삶이란 하나의 고유한 운명이다.37)

> 내 형제들이여, 그대들의 가슴을 고양하라, 높이! 더 높이!─그러나 내 발 또한 잊지 말라! 그대들의 다리 또한 높이 들라. 훌륭히 춤추는 그대들이여, 그대들이 또한 거꾸로 꼿꼿이 있는 것이 훨씬 좋다!38)

차라투스트라는 생명과 사랑을 한다.39) 대지 위에서 넘어지지 않으려면 춤을 추어야 하고40), 살고자 하는 자만이 춤을 춘다. 생명은 움직임이며, 멈추는 것들은 죽고자 하는 것들이다. 움직임의 자유, 운동의 극한이 바로 춤이다. 그래서 차라투스트라는 "가장 멋진 춤을 출 채비"41)를 하고 "여태껏 추어본 적이 없는 춤을 추고자"42) 한다. 지금껏 존재하지 않았으므로 새로운 창조의 춤이며, 누구에게도 배우지 않았으므로 자기만의 고유한 춤이다. 그런즉 신체의

더 이상 덕이 아니라 '취미'라고 부르는 훌륭한 취미를 가져야만 한다."(『유고(1882년 7월~1883/1884년 겨울)』, 81, *KGW* Ⅶ-1, *NF (1882J-1883/84W)* 64)

37) 전통 철학에서는 놀이의 즉자성, 특수성, 일회성, 상황성 등을 목적과 인과의 관점에서 세계 설명에 적합하지 않은 것으로 평가하고 부정적으로 바라보았다. 놀이 개념에 관해서는 정낙림, 「Aion, 놀이하는 아이 그리고 디오니소스: 니체의 놀이 개념에 대한 한 연구」, 『인문논총』 제57집(경북대학교 동서사상연구소, 2007), 28 참조.

38) 『유고(1884년 가을~1885년 가을)』, 171, *KGW* Ⅶ-3, *NF (1884H-1885H)* 127; "두 발로 서게 되면 또한 물구나무도 서게 될 것이다."(『즐거운 학문』, 47, *KGW* Ⅴ-2, *FW* 31)

39) 『차라투스트라』 376-381, '춤에 부친 또 다른 노래' 참조, *KGW* Ⅵ-1, *Za* 278-282, 참조.

40) "넘어지지 않으려면 그대 춤을 추어야 하리라!"(위의 책, 400, *KGW* Ⅵ-1, *Za* 298)

41) 위의 책, 189, *KGW* Ⅵ-1, *Za* 140.

42) 위의 책, 같은 쪽, *KGW* Ⅵ-1, *Za* 같은 쪽.

춤은 똑같은 춤만을 추는 독거미 타란툴라의 춤과 다르다.43) 따라
서 차라투스트라는

　　춤을 통해서만 최상의 사물에 대한 비유를 들 줄 안다44)

　타란툴라는 삶과 유리(遊離)된 성전(聖殿)에서 평등을 희구
(希求)하는 춤을 춘다. 중력의 악령은 대지의 아래 지하 깊은
곳에서 은둔의 춤을 춘다. 그러나 차라투스트라는 대지와 그
표면에서만 춤을 춘다. 이것은 대지가 생명체들을 기르는 유일
한 땅이기 때문이다.45) 대지와 생명에 대한 긍정은 인간의 현
실적 삶에 대한 긍정으로 귀결되며, 이 긍정은 삶과 운명에 대
한 통찰을 신체로 인식하고 표현하는 춤의 사유와 드디어 조우
하게 된다.

---

43) 타란툴라 독거미는 평등을 설교한다. 이들은 복수심에 가득 차 있는 자들이다. 이들도 자기들
의 정의를 원하며 춤을 춘다. 위의 책, 166 참조, *KGW* Ⅵ-1, *Za* 124 참조; 차라투스트라가
"춤꾼이라 할지라도 타란툴라 춤을 추는 그런 춤꾼은 결코 아니다"(같은 책, 171, *KGW* Ⅵ-1,
Za 127); 평등에 대한 설교에는 무기력이라는 폭군의 광기가 있으며(같은 책, 167 참조, *KGW*
Ⅵ-1, *Za* 125 참조), 덕이라는 탈을 쓴 것(같은 책, 같은 쪽 참조, *KGW* Ⅵ-1, *Za* 같은 쪽 참조)
에 불과하다. 위버멘쉬에 대한 사랑은 평등에 대한 사랑과는 대척에 있다(같은 책, 169 참조,
KGW Ⅵ-1, *Za* 126).

44) 위의 책, 190, *KGW* Ⅵ-1, *Za* 140.

45) "푸른 풀밭 […] 그곳에서는 소녀들이 어울려 춤을 추고 있었다."(위의 책, 181, *KGW* Ⅵ-1, *Za*
135)

어린아이와 춤의 사유

니체는 차라투스트라를 디오니소스 사상으로 파악하기도 한다.46) 차라투스트라는 "춤추는 자"이자 "'가장 심연적인 사유'를 생각하는" 자이면서, "모든 것에 대한 영원한 긍정"을 하는 자이다.47) 또한 니체의 디오니소스적 긍정은 우리가 살아가고 있는 현실로서의 대지에 대한 긍정이기도 하다. 이제 대지는 존재자들의 발이 무한으로 날아가려는 춤을 추는 생동(生動)의 영토가 된다. 최대한의 쾌활함과 최고의 놀이, 그것이 펼쳐지는 땅은 대지이며 그 놀이가 우리들의 춤이다. 자기의 춤을 출수 없는 자는 없다. 오히려 "마비된 발로 걸어가는 것보다는 서툴게 춤추는 것이 훨씬 낫"다.48)

그리고 자기에게서 기원한 많은 춤을 추는 자일수록 강한 자이며, 힘이 풍부한 자이다. 우리는 "다리를 가지고 춤출 수 있지만, 개념들과 말을 가지고도 춤을 출 수 있다는 것"49)을 알

---

46) 『이 사람을 보라』 431, 강조원문, KGW VI-3, EH 342; "철학자 디오니소스의 최후의 제자인 나", "영원회귀를 가르치는 나는 (…)"(『우상의 황혼』, 203, KGW VI-3, GD 154)

47) 『이 사람을 보라』, 같은 쪽, KGW VI-3, EH 343.

48) 『유고(1884년 가을~1885년 가을)』, 172, KGW VII-3, NF (1884H-1885H) 127.

아야 한다. 차라투스트라는 발놀림이 경쾌한 자들, 신성한 춤을 추는 자들, 예쁜 복사뼈를 가진 소녀들의 발에 호의를 품는다.50) 춤은 인식으로 무거워진 정신에 가벼움과 신성을 준다. 춤의 덕은 무거운 것 모두를 가볍게 하고, 모든 신체들을 춤추게 하며, 모두의 정신을 새가 되어 날게 한다.51) 따라서 "알파이자 오메가"52)이다.

> 나는 위대한 과제를 대하는 방법으로 **놀이**보다 더 좋은 것을 알지 못한다.53)

생성과 생명을 핵심으로 하는 니체의 사유는 전통 철학의 목적론, 존재론과 충돌한다. 파르메니데스의 제자인 제논은 운동과 인식 간의 모순을 제기함으로써 운동이 환상임을 증명하고자 하였다. 그러나 니체는 이를 뒤집어 인식은 가상이며 운동이 실재임을 주장한다. 인식은 운동을 표상하지 못한다. 신체의 운동을 지성은 결코 완전히 포획할 수가 없다.54) 인식이 가상이라면 인식이 도출한 진리 또한 가상이다.55) 니체에게서 지

---

49) 『우상의 황혼』, 139, *KGW* VI-3, *GD* 104; "우리가 춤을 배우려고 하듯 생각하는 것도 배우려고 해야 한다는 것을, 생각이 춤의 일종이라는 것을(…)"(같은 책, 139, *KGW* VI-3, *GD* 103)

50) 『차라투스트라』 181 참조, *KGW* VI-1, *Za* 135 참조.

51) 위의 책, 387 참조, *KGW* VI-1, *Za* 286 참조.

52) 위의 책, 같은 쪽, *KGW* VI-1, *Za* 같은 쪽.

53) 『이 사람을 보라』, 373, 강조원문, *KGW* VI-3, *EH* 295.

54) "플라톤 이래로 철학자들은 육체적 욕구의 강요됨에 대한 분개에다 모든 종류의 운동에 대한 분개를 첨가하였다."(한나 아렌트, 『인간의 조건』, 66, 원주 5)

55) 지젝은 진리를 생산하려는 시도를 윤리적 태도의 하나인 것으로 비판한다. "진리의 원리는 촉성될 수 없는 명명 불가능한 실재에 대한 존중의 윤리(…)"이며, "완성된 진리는 자기 자신을

성적 인식과 대조되는 신체적 인식은 놀이이다.

철학의 전통적 태도는 운동에 비해 정지를, 참여에 비해 관조(觀照)를 우월하게 여겼다. 그러나 니체가 볼 때 세계는 힘의 운동뿐이며 정지란 존재하지 않는다.[56] 헤라클레이토스는 엄숙한 나랏일을 보는 이들을 호통치고 어린이들과 주사위 놀이에 빠진다.[57] 주사위 놀이와 춤사위는 주체가 엮어낼 수 있는 최고의 유희이다. 주사위를 던지는 것은 세계에 대한 주체의 운명적 기투(企投, Entwurf)이다. 춤은 몸짓을 통해 주체를 해방하는 운명적 기획이다. 주사위 놀이는 볼 수 없는 수(數)에 전부를 건다. 그 놀이는 주사위를 던지면서 자기를 해방하고, 그 수가 드러나면서 자기를 파괴한다.

디오니소스는 도박한다.[58] 춤은 목적에서 신체를 해방하고[59] 세계와의 직접적 접촉을 통해 존재자가 세계에 힘을 드러내는 방법이다. 춤을 출 때 지성과 신체의 서열은 뒤바뀌고 신체는 온전히 지성의 주인이 된다. 지성은 신체를 탈출하고자 하며, 저 너머 초월의 편을 늘 동경한다. 그러나 춤은 오직 신체로부

파괴하며, 완성된 정치적 진리는 전체주의로 화한다."(슬라보예 지젝, 『신체 없는 기관』, 김지훈 외 2인 역, 도서출판 b, 2008, 206) 이 관점에서 알랭 바디우는 "철학은 포획됨(saisissement) 없이 진리들을 압류(saisit)하지 못하며(…)"(알랭 바디우, 『조건들』, 이종영 역, 새물결, 2007, 49, 괄호 원문), 철학은 진리를 생산하는 것이 아닌 "진리들이 있도록 하고 그것들의 시대적 공동가능성을 마련(…)"(알랭 바디우, 같은 책, 86)해 주어야 한다고 주장한다.

56) "경직된 정지는 아무 곳에도 없습니다. […] 인간이 살아 있는 자연 속에서 어떤 정지를 인식한다고 믿는다면, 오히려 그것은 우리의 협소한 기준에 의거한 것입니다."(『플라톤 이전의 철학자들』, 313, *KGW* II-4, *DVP* 267)

57) 위의 책, 304 참조, *KGW* II-4, *DVP* 262 참조.

58) "디오니소스는 도박하는 자다."(질 들뢰즈, 『들뢰즈의 니체』, 박찬국 역, 철학과현실사, 2007, 56)

59) "춤은 목적이 없는 움직임이다."(『유고(1876년~1877/78년 겨울)』, 215), *KGW* IV-2, *NF (1876-1877/78W)* 528.

터 기원하고 자기의 전부로부터 탈출하려는 지성에게 신체의
유일성을 상기시키고 대지로부터 일탈하지 않기 위해 꼭 발을
딛게 한다.

춤사위는 대지와 자연, 그 안의 생명의 몸짓이다. 그러므로
춤은 데카당스들의 엄숙주의를 가벼운 놀이로 전환하는 최고의
표현이다.[60] 각자의 발걸음은 그들의 궤도를 나타내며, 그들의
춤은 그들의 진리를 증명한다.[61] 춤은 디오니소스적 긍정이 신
체를 통해 드러나는 행위이며, 어린아이가 놀이를 통해 세계에
가하는 기투이다.[62]

생명은 잉태되면서 자기를 구성하는 운동을 시작한다. 자기
를 외부로 드러내고자 하고 타자로부터 분리하려는 운동이 개
별적 생명의 시작이다. 출생부터 죽음까지 백 개의 사다리가
있다면 유아(幼兒)는 그 최초의 사다리에 은유할 수 있다. 니체

---

60) 니체는 웃음과 춤을 통해 중력의 극복을 말한다. 웃음을 통해 엄숙한 진지함을 깨고, 춤을 통
해 중력의 물리적 법칙을 극복하는 것을 은유와 형이상학으로 말하는 것이다. 그러나 이것이
경험으로 이루어진 개인의 사적 세계만을 지지하는 논증은 아니다. 니체는 유아론적 환원주의
를 허무주의의 비루하고 파괴적 형태로 보았기 때문이다. Richard Lowell Howey, "Some
difficulties about reading Nietzsche", *Nietzsche Studien*, Band 8(1979), Berlin · New York: Walter
de Gruyter, 379-380, 388 참조.

61) "춤은 진리의 증명이다."(『유고(1882년 7월~1883/1884년 겨울)』, 82, *KGW* VII-1, *NF
(1882J-1883/84W)* 98)

62) "어떤 사람이 '영겁의 세월이란 도대체 무엇인가'하고 묻자 헤라클레이토스는 이렇게 대답합
니다. '장기 돌을 모았다 흩트렸다 하며 노는 아이(…)'"(『플라톤 이전의 철학자들』, 321, *KGW*
II-4, *DVP* 273); "니체에게선 예술의 주체는 관객이 아닌 창조적 예술가이며 그에게 중점적인
중요성이 부여된다. 춤꾼과 노래하는 자는 도취적 환희를 경험한다"(Charles Senn Taylor,
"Nietzsche's Schopenhauerianism", *Nietzsche Studien*, Band 17(1988), Berlin · New York: Walter
de Gruyter, 55); "어린이처럼 순수하고, 뱀처럼 현명한 이는 『차라투스트라』에서의 세 번째 정
신의 변화를 이루어낸 디오니소스적 긍정의 화자이다"(John Powell Clayton, "Zarathustra and
the stages on life's way: a Nietzschean riposte to Kierkegaard?", *Nietzsche Studien*, Band
14(1985), Berlin · New York: Walter de Gruyter, 191); "'디오니소스적인 것'은 놀이 개념과 같
이 니체 철학의 모든 시기에 등장할 뿐만 아니라 둘의 속성이 근본적으로 일치"한다. (정낙림,
「Aion, 놀이하는 아이 그리고 디오니소스: 니체의 놀이 개념에 대한 한 연구」, 29)

가 주장하는 낙타에서 사자, 사자에서 어린아이로의 변화는 주체와 그 정신의 성장을 은유하는 것이다. 어린아이의 정신은 세계로부터 자신을 분리할 수도 없으며, 분리하고자 하지도 않는다. 그런 의미에서 어린아이는 정신의 운동이 결국 회귀해야 할 지향이다.

"인간은 자연 안에서는 언제나 어린아이 그 자체다."63) 인간은 유한하나 자연은 불멸한다. 인간은 '작은 자연'이자 '유한한 자연'이다. 작고 유한한 자연은 크고 불멸하는 자연에서 생성하고 파괴하며, 이를 통해 자기를 다시 창조한다. 따라서 생성과 우연으로서의 유희는 생성과 파괴가 본질이며, 그런데도 그 유희는 아무런 죄의식 없는 순진무구(純眞無垢)한 놀이인 것이다.64) 순수한 의지는 순진무구하며, 생성하려 하므로 창조하고, 생식(生殖)하려 하므로 출산한다.65)

천진난만한 유희는 세계를 자유로서 의욕하지만, 그 세계는 내

---

63) 『인간적인, 너무나 인간적인 1』, 142, *KGW* IV-2, *MM* I 121.

64) "그 어떤 도덕적 공과와도 무관한 생성과 소멸은 오직 어린아이의 유희(또는 예술)에서만 있습니다. 비예술가적인 인간으로서 그는 어린아이의 유희에 손을 뻗쳤습니다. 여기에는 천진무구함(Unschuld)이 있습니다. 그러면서도 생성시킴(Entstehenlassen)과 파괴(Zerstören)가 있습니다. […] 세계아(世界兒)는 목적들에 의거해서가 아니라 오로지 내재적 *정의*에 의거해서 행동하기 때문입니다. […] 내재적 *정의*와 *지성*, 그리고 *투쟁*은 예술가의 행위 영역이고, 전체는 다시 유희인 것입니다. […] 저 유희하는 세계아는 끊임없이 짓고 허물기를 계속합니다. 그러나 때때로 그 아이는 처음부터 다시 유희를 시작합니다."(『플라톤 이전의 철학자들』, 328-331, 고딕 이탤릭체 강조원문, *KGW* II-4, *DVP* 278-280); Stambaugh는 니체 철학에서 생성과 우연, 놀이의 함의에 대해 명쾌하게 해설한다. "니체에겐 **모든 것**은 상태가 아닌 생성의 과정에 존재한다. 더 정확히 말하면 모든 것은 생성으로 '존재한다'. '존재하는' 것은 생성한다."(John Stambaugh, "Thought on the Innocence of Becoming" *Nietzsche Studien*, Band 14(1985), Berlin·New York: Walter de Gruyter, 165, 강조원문); "생성은 귀중하고 고귀한 상태에 매달리는 게 아니라, 오히려 변화, 변형, 때때로 손실, 포기, 파괴나 해체하는 무언가에도 있다는 것이다."(같은 책, 176) 유희란 "목적론과 기계주의에 대해 니체가 제안하는 생성과 세계과정의 대안 구조(…)"(같은 책, 169)이다.

65) 『차라투스트라』, 210 참조, *KGW* VI-1, *Za* 153 참조.

재적 정의에 의해 엄격한 필연으로 움직인다. 유희하는 헤라클레이토스의 세계아는 자연의 공포를 생산하는 디오니소스의 힘이 예술 충동으로 제시되고, 유한한 존재자가 웃으면서 유희하는 어린아이로 등장하는 비극적 미(美)이기도 하다.66) 이것은 예술이 인간의 자유 의식을 본질로 하지만, 또한 그 자유 의식이 지닌 한계로 존재의 필연적 비극성을 보여주기 때문이다. 디오니소스는 필연적 힘으로서 세계아의 회전하는 장기놀이에 표출된다. 자연의 근원적 충동인 디오니소스는 이분법의 한계를 극복하고, 반복하는 생명의 힘으로 세계에 직접 현상(現象)한다.

어린아이는 놀이를 통해 세계와 대화한다. 그 놀이는 자기의 표현 방식이자 타자와의 소통의 방식이다. 춤 또한 그렇다. 춤은 세계와 교통하는 신체적 주체의 표현이다. 정신이 세계와 교통하는 방식은 이성적 인식이나, 신체가 세계와 교통하는 방식은 신체적 대화이다. 그런 의미에서 춤은 어린아이가 행하는 하나의 놀이이자 표현이다. 나아가 어린아이가 추는 춤은 니체 사상에서 최고의 미학적 완성물이 될 것이다. 니체 사상에서

---

66) 니체는 헤라클레이토스를 "우는 철학자"(『플라톤 이전의 철학자들』, 326, *KGW* Ⅱ-4, *DVP* 277), "**비극적** 철학자"(『유고(1869년 가을~1872년 가을)』, 155, 강조원문, *KGW* Ⅲ-3, *NF (1869H-1872H)* 122)로 해석한다; "니체의 미학을 통속적인(그러나 이질적인) **현실 도피주의**로 보는 것은 니체의 예술철학을 그의 힘에의 의지와 결합하는 데 실패하는 것으로부터 기인한다. […] 니체에게 예술 현상의 본질은 창조성이다. 미학의 본성은 수동적 관찰자의 관점에서는 납득될 수 없다. 모든 예술은 필연적으로 생산적이다: 그것은 생성(poiesis)이다. […] 니체는 미학의 함의가 인간의 작품에만 제한되는 것을 거부한다. 대신 그는 (이미 초기 저서에서 제시되듯) 자연현상으로서의 예술과 인간의 활동으로서의 예술을 구분한다. 니체의 후기 저서에서 예술가의 창조적 작품은 자연에서의 원래적인 미학적 활동의 **모방**으로 간주된다. […] 니체는 힘에의 의지를 그것이 생성의 흐름과 우리의 교류를 조절하는 한 '미학적' 활동으로 인식한다."(John D. Arras, "Art, Truth, and Aesthetics in Nietzsche's Philosophy of Power", *Nietzsche Studien*, Band 9(1980), Berlin · New York: Walter de Gruyter, 240-241, 강조원문)

정신의 완성은 결국 신체적 표현으로 나아가기 때문이다. 이제 니체의 생명 사상은 그것을 긍정하는 유일한 터전인 자연과 그것을 수행하는 유일한 정신인 어린아이와 그 표현인 춤을 상호 결합하는 매개물을 제시하게 된다. 그것이 바로 니체의 영원회귀 사상이다.

영원회귀와 긍정의 파토스

> 오, 나의 영혼이여, 나는 너를 가르쳐 '오늘'을 말할 때 마치 '언젠
> 가는' 그리고 '일찍이'를 말하듯 하라고 했으며, 일체의 여기와 저
> 기, 그리고 거기를 뛰어넘어 윤무를 추도록 했다.[67]

니체의 사유 실험인 영원회귀는 인간 실존의 불안을 추방한다. 영원회귀 사상은 존재자의 지속적인 자기로의 귀환을 통해 그 실존의 최고성을 보장하고자 한다. 세계도 변화하고 자기도 변화한다. 그런데 그 변화를 긍정하지 못하는 정신은 나약한 정신이다. 세계와 대지의 운동을 인간은 두려움으로 바라보고 지성의 자기 위로일 뿐인 초월과 정지에서 안위를 구한다. 그 두려움은 인간에게 짐이며 그 크기가 인간을 옭아맨다. 짐을 지고자 하는 자는 더욱 무거운 짐을 열망한다. 짐에 대한 열망은 구속에 대한 열망이다. 더욱 많은 구속, 더욱 많은 의무들을 지면서 그는 행복해한다. 짐과 의무로부터의 탈출이란 그에게 불안이다.

---

67) 『차라투스트라』, 371, *KGW* Ⅵ-1, *Za* 274; "그는 자신이 사랑하는 자를 공간과 시간을 벗어난 먼 곳으로 유혹하고 싶어 한다-우리 위로는 별들이 빛나고 우리 주위에서는 영원이 굉음을 낸다."(『유고(1882년 7월~1883/1884년 겨울)』, 137, *KGW* Ⅶ-1, *NF (1882J-1883/84W)* 108)

영원회귀는 유일한 대지의 무한한 변화를 의욕하고 그 무한한 변화로 영원한 신을 대체한다. 그런데 동일함의 영원한 반복일 뿐인 이 사상이 어떻게 무한한 변화를 말할 수 있는 것인가? 만약 초월의 피안이 사라진다면 인간은 영원을 향한 갈구를 어디서 채울 것인가? 니체는 이 갈구를 올바로 세우기 위해 피안(彼岸)의 초월을 없애고 차안(此岸)인 대지의 생성·소멸과 그 운동을 긍정한다. 그리고 대지는 반복의 양태로 영원히 회전한다.

영원회귀는 세계를 상대로 한 신의 주사위놀음이다. 신은 대지라는 도박대 위에서 주사위 놀이를 한다. 주사위의 경우의 수는 6가지이다. 그러나 이것은 지성의 속임수이다. 지성은 도박을 모르고 비약을 모른다. 지성은 합리의 영역을 제외한 곳에 시선을 두지 않는다. 경우의 수는 한정되어 있고 그 수들 안에서 삶과 사건들은 움직인다. 그렇다면 인간이 어떻게 확률을 넘어서는 영원을 갈망할 수 있는가? 이것은 유한은 무한으로 나아가고 무한은 유한에서 생성하기 때문이다.[68]

그리스적 세계관에서는 무에서 도출되는 유로서의 창조는 불가능하다.[69] 그리스를 애호하고 기독교를 비난한 니체가 자기의 세계관에 무를 최초의 동인(動因)으로 설정할 리는 만무하

---

68) 수학적·이성적 세계관에서 유한의 산출은 무한으로부터만 가능하다. 이와 관련하여 니체의 영원회귀 사상은 유한한 존재자들의 무한한 출현을 주장한다. 지성적 도식으로 바라본 무한성 내 유한성의 지속 반복이 아니라 유한성의 지속 반복으로서 무한성의 출현이다. 유한과 무한은 포함되고 포함하는 논리적 관계가 아니라 접속하고 확장하는 실존의 관계이다. 유한한 신체의 정신이나 정동 또한 무한한 회귀의 관점에서 바라보자. 과연 나는 지금과 여기의 나를, 나의 양태와 정동을 진정으로 의욕하는가?

69) "그리스인은 결코 무로부터의 창조(ex nihilo sui et subjecti)라는 가능성을 생각하지 않았다."(Frederick Copleston. S. J., *A History of Philosophy*, Vol. 1., Westminster: The Newman Press, 1960, 189, 괄호 원문)

다. 결론은 일어난 사건뿐이며, 되돌아오는 사물뿐이다. 만약 이러한 전제들이 올바르다면 니체가 영원회귀 사상으로 우리에게 요구하는 것은 반복하는 세계에 대한 우리의 실존적 자세에 큰 비중이 주어지는 것은 분명하다.

그런데 실제로 세계에 적용된 영원회귀의 사건들은 다르게 나타난다. 신들의 주사위놀음은 회귀하는 대지의 수많은 변화를 탄생시키기 위한 것이다. 니체는 세계 내 경우의 수들이 한정되어 있으므로 언젠가는 동일한 경우의 수들이 다시 전개될 것이라 말한다. 그런데 그 경우의 수들이 반복으로 등장하는 시간은 무한을 배경으로 한다. 그러므로 우리는 그 경우의 수들을 반복으로 지각할 수도 없을 것이다. 한 점 한 획의 세계, 지금 보는 내 앞의 거미줄까지 반복되지만 그 거미의 줄은 무한을 배경으로 쳐지는 줄이므로 인간은 두 번 다시 거미의 동일하게 다시 친 줄을 볼 수 없다. 즉 거미가 친 줄은 우리에게 매번 새롭다. 태양이 매일 새롭듯 말이다.

한편 세계의 반복이 결코 목격의 반복은 아니다. 원한에 젖은 자는 시간에 대한 집착을 지니고 있으므로 결코 나타나는 것을 순수하게 목격할 수 없다. 그는 나타나는 것에서 과거의 것, 즉 나타났던 것만을 보고자 하므로 결코 미래의 수 없는 현재로 나타나며 드러나고 있는 세계, 즉 나타나고 있는 것을 잘 보지 못한다. 생성하는 것은 이미 나타난 것과 지금 나타나고 있는 것을 같이 보여준다. 따라서 영원회귀는 생성과 시간에 대한 긍정이다. 영원회귀는 동일한 것의 무한한 반복을 긍정하는 것이면서 생성하는 것들과 사멸하는 것들을 무한히 긍정하는 것이다. 이것이 모순으로 우리에게 보이는 것은 우리가 반복을 사태의 반복으로만 간주하지 시간의 반복으로 바라보지 않기 때문이다.

물리적으로 규정된 시간은 소급으로서의 회귀인 되돌아감을 허용하지 않는다. 그러나 생성하는 의식 경험의 시간은 늘 다시 돌아옴이며 그것조차도 새롭게 돌아오는 것이다. 따라서 생성의 길은 두 갈래의 길이다. 결국 영원회귀는 초월하고자 하며, 정지하고자 하는 종래의 신을 추방하고야 만다. 그리고 그 신이 사라진 세계를 보충하는 원리가 영원회귀 사상이다. 하나의 대지로서 초월을 반박하고, 무한한 반복 운동으로 못 박혀 있는 정지를 반박하는 것이 그것이다.

영원회귀 사상의 또 다른 면이 있다. 삶은 무한히 되돌아온다. 반복은 지겹고 공포스럽다. 무한 회귀는 인간에게 삶의 포기나 긍정 두 개의 선택만 요구한다. 반복되는 삶을 회피하거나 그저 방기하는 것도 포기이다. 그것은 긍정이란 오로지 최고와 최대의 긍정만을 요구하기 때문이다. 순간은 지속해서 주체에게 그가 취할 태도를 요구한다. 결국 영원회귀는 삶의 포기나 긍정을 넘어서, 죽음 혹은 삶을 우리에게 매 순간 강요한다. 살 것인가 혹은 죽을 것인가를 묻는 것이 영원회귀 사상의 진가이다. 살아야 한다면 최고로서의 최대 긍정을 해야 한다. 그래서 삶이나 죽음의 길, 그 길이 만나는 때와 곳도 역시 한 때와 한 곳, 즉, 지금의 여기이다.

한편 영원회귀의 시야는 거시적이면서 미시적이다. 영원에서 순간에 접근하는 관점과 순간에서 영원에 접근하는 관점이 있다. 영원에서 순간에 접근한다면, 무한히 반복하는 세계 내부의 순간들은 반복하는 세계의 과거 흔적일 뿐이다. 반복하여 과거만 도래하니 그 순간들은 허무성이다. 그러나 순간의 관점에서 영원을 바라본다면 지금은 삶과 죽음의 갈림길이다. 순간을 방기하면서 삶과 죽음으로 갈린다. 삶에서의 순간은 무한하다. 그 순간은 미분적(微分的)이다. 그것은 분할할 수 없는 시간인데도 무한히 분할된다. 순간은 각자에게 고유하다. 이것은 각자의 시간은 그만이 분할할 수 있기 때문이다. 따라서 비교할 수 있는 순간들은 존재하지 않는다.

그러나 순간들의 무한성은 오직 두 개의 문 가운데 삶과 미래와 긍정의 문을 선택한 자만이 경험할 수 있다. 죽음과 과거와 부정의 문을 선택한 자는 경험할 수 있는 순간이 줄어든다. 이것은 그가 다가오는 순간들에서 선택하지 않았기 때문이다. 선택하지 않는 것들은 나타나지도 않는다. 따라서 자기의 순간들을 선택하지 않았던 후자는 자기로서 존재하고자 하지 않았다고 할 수 있다. 자기로서 존재한다는 것은 무엇보다도 바로 지금 여기서 선택해야 하는 운명이기 때문이다. 또한 그 선택의 결단을 회피하여 숙명의 짐에 순종하고자 자유를 포기하였기 때문이다. 지금의 반복은 순간으로 집중하는 고도의 힘을 필요로 한다. 그런데 순간은 무한히 반복한다. 따라서 최고의 힘의 집중은 무한한 순간에서 무한히 반복되어야 한다. 이것은 고통이다.

그러나 영원회귀는 승화된 고통이고자 한다. 위버멘쉬가 되고자 하는 자는 영원회귀가 주는 고통을 철저히 긍정해야 한다.[70] 영원회귀는 이 최고의 힘의 집중을 주체가 과연 무한히 반복하여 버텨내고 의욕하며 수행할 수 있는지의 유무를 시험한다. 되돌아오는 세계와 의욕해야 하는 주체는 지금을 중심으로 조우한다. 이 조우가 다시 무한히 되풀이된다. 따라서 세계와 주체는 만남의 무한한 순환이며 도래이다. 세계와의 만남을 무한의 관점에서 의욕하며 수행하는 것, 이것이 영원회귀가 내포하는 실존적 자세이다. 그리고 영원회귀 사상은 그 주체를 선별하는 시험이자 통로이다.

노예는 영원회귀 사상을 결코 견뎌내지 못한다. 자신의 운명을 사랑할 수 없는 노예는 자신의 운명을 결정할 수도 없는 자이므로 노예는 영원회귀를 단지 외부에서 가한 저주로밖에 경험하지 못한다. 반면 자신의 인생의 주인이면서 자신의 가치를 입법하는 자는 필연에 대한 긍정을 넘어 그 회귀를 사랑한다.[71]

영원회귀는 시간과 공간을 순간으로 결집하고 귀결시킨 고도의 형이상학이다. 영원회귀의 순간은 가장 짧으며, 그림자를

---

70) "너희를 완전성으로 데려다주는 가장 빠른 동물은 고통이다."(『반시대적 고찰』, 432, KGW Ⅲ-1, UB 368)

71) "우리는 단지 필연적인 것을 사랑할 뿐만 아니라, 그것의 회귀도 사랑한다."(Béatrice Han-Pile, "Nietzsche and Amor Fati—To the Memory of Mark Sacks", *European Journal of Philosophy*, Blackwell Publishing Ltd, 2009. 230)

일체 없애는 시간이다.72) 따라서 영원회귀는 역사적 의식과 대립한 반역사적 의식이다.73) 역사적 의식은 시간을 추상하여 타자의 것으로 만든다. 그러나 영원회귀는 시간을 자기의 내부에 끌어들이고 그것을 극복한다. 영원회귀는 직선적 시간을 표상하는 역사가의 시간관이 아닌 자신의 꼬리를 무는 뱀으로 무한히 회전하는 순환의 시간관이다. 자기의 시간을 물고 도는 주체는 자기의 신체와 그것이 접촉하는 현재의 세계를 정확히 응시한다. 그래서 영원회귀는 반복하는 사건이면서 반복하는 힘이다. 이렇게 영원회귀는 힘을 최대한으로 등장시키기 위한 형식이 된다. 따라서 "인간은 **유일한** 지속형식인 **순환** 속에 살아야 한다."74)

클로소프스키는 영원회귀 사상을 우주가 자신을 설명하는 방법이라 칭한다.75) 그러나 앞에서 기술하였듯 필자는 이 사상을 주체와 세계의 호응 관계로 본다. 영원회귀는 존재자의 실재 양태이자 그 세계를 바라보는 주체의 태도이기도 하다. 영원회귀

---

72) "**정오와 영원**. 영원회귀의 철학,"(『유고(1884년 가을~1885년 가을)』, 272, 강조원문, *KGW* VII-3, *NF (1884H-1885H)* 205)

73) 니체는 인간과 동물에 근본적 차이가 존재한다는 것을 불신하면서 『반시대적 고찰』을 저술한다. 니체에게서 역사적이라는 말의 함의는 기억에 의존한 비교, 구별, 의도적 행위 등을 말하고 비역사적이라는 말은 동물적인 즉자적 충동을 말하는 것이다. 따라서 비역사적인 것과 역사적인 것의 구별은 피할 수 없이 인간에게 섞여 있다. 역사적인 것도 비역사적인 것의 산물이며, 비역사적 정열로부터 자유로운 어떠한 역사적 지식도 존재하지 않는다. 따라서 목적을 획득할 수단에 관한 어떤 진정한 지식도 인간에겐 불가능하다. '역사적 의식을 완전히 떠난 초역사적 인간은 단지 역사에서 반복되는 오류들만을 볼 뿐이다. 그러나 이러한 자세는 역사의 진리는 완전한 자기 의식적 행위를 요구하고, 완전한 자기의식은 역사적 비판을 요구한다는 것을 망각한다. Catherine Zuckert, "Nature, History, and the Self", *Nietzsche Studien*, Band 5(1976), Berlin・New York: Walter de Gruyter, 56-59 참조.

74) 『유고(1882년 7월~1883/1884년 겨울)』, 55, 강조원문, *KGW* VII-1, *NF (1882J-1883/84W)* 42.

75) 피에르 클로소프스키, 『니체와 악순환-영원회귀의 체험에 대하여』, 166 참조.

는 존재자를 보충하고 존재자는 영원회귀를 통해 완성된다.76)

우리는 어떻게 가장 가까이 있는 것, 사소한 것, 덧없는 것에 의미
를 부여할 수 있나? A) 그것을 습관의 뿌리로 파악함으로써. B)
영원하고 그리고 영원한 것으로 전제함으로써.77)

니체에게서 영원회귀는 일상에서 작동 가능한 개념이다. 영
원회귀는 미시적인 것부터 거시적인 것까지 우리의 세계를 파
고든다. 반복이 실천에서 드러날 때 그대로 반복되는 것은 없
다. 예를 들어 시간의 반복에서 정동이 시선을 거둘 때 그 반
복은 권태로 다가오며, 사태의 반복에서 정신이 주의를 거둘
때 그 반복은 경험되지 않는다. 반면 정동이 시선을 둘 때 기
다림으로 시간의 반복은 도래하고, 정신이 주의를 기울일 때
사태의 반복은 예견되어 질서 지워진다. 이렇게 반복이 일상의
양태에서 드러나는 방법을 베르그손은 다음과 같이 적절하게
표현한다.

사람들이 습관은 노력의 반복에 의해서 획득된다고 말한 것은 옳
았다. 그러나 반복된 노력이 언제나 같은 것을 재생산한다면, 그
것은 무엇에 소용이 되겠는가? 반복은 진실로 우선 분해하고 그다
음에는 재구성하고, 이렇게 해서 신체의 지성에게 말을 건네는 효

---

76) 이런 면에서 클로소프스키는 영원회귀를 주체가 의욕해야 하는 필연성으로 칭한다. Pierre
Klossowski, "Nietzsche's experience of the eternal return", *Friedrich Nietzsche*, ed. Harold Bloom,
New York: Chelsea house publishers, 1987, 45 참조; 피에르 클로소프스키, 『니체와 악순환-영
원회귀의 체험에 대하여』, 88 참조.

77) 『유고(1881년 봄~1882년 여름)』, 502, *KGW* V-2, *NF (1881F-1882S)* 404.

과를 지닌다. 반복은 매번의 새로운 시도마다 감추어진 운동들을 발전시킨다. 반복은 지각되지 않고 지나쳤던 새로운 세부사항에 관해 매번 신체의 주의를 요청한다. 반복은 신체로 하여금 분할하고 분류하게 한다. 반복은 신체에 본질적인 것을 드러내 준다. 반복은 전체적 운동 속에서 그것의 내적인 구조를 표시하는 선들을 하나하나 재발견한다. 이런 의미에서 한 운동은 신체가 그것을 이해하자마자 학습된다.[78]

반복하여 나타나는 것들은 그 자체로 긍정되어야 할 존재자들이다. 사물들의 반복은 그것들에 투사된 인간의 판단이 자체로 근거 없는 것임을 우리에게 말해준다. 사물들의 반복은 인간의 규정으로부터 자유롭다. 따라서 사물에 대한 인간의 정동들은 그 순수함을 회복한다. 영원회귀는 사물들을 향한 인간의 자의적 판단을 무화시키고 그들 앞에 도래하는 세계의 순수성을 재인식시킨다. 즉 영원회귀는 세계의 사물을 긍정해야만 가능한 세계 인식이다.

이렇듯 니체는 일회성의 관점에서 영원성을 다시 구성하며, 우연성의 관점에서 필연성을 다시 구성한다. 그에게서는 영원성의 대립이 일회성이 아니며, 필연성의 대척이 우연성은 아니다. 니체의 사상에서는 일회성이 무한히 반복하여 영원성을 만든다. 일회적이므로 망각과 기억의 혼재와 융합은 시간의 흐름에 대처하는 인간의 실존성이다. 일회적이므로 운명에 대한 철저한 긍정을 낳는 것이지 영원한 삶이므로 운명을 긍정하는 것

78) 앙리 베르그손, 『물질과 기억』, 박종원 역, 아카넷, 2011, 193-194.

이 아니다. 운명은 무엇보다 일회성을 전제로 한다.

니체의 운명애(Amor fati)는 자기의 운명에 대한 순수한 긍정에 근거한다. 주체는 자기의 무죄와 자기가 사는 대지를 신뢰한다. 자신의 운명을 사랑한다는 말은 자기의 운명을 긍정하는 것 이외에 다른 말이 아니며, 이것은 자기의 삶을 철저히 영위한다는 말과 다른 것이 아니다. 나아가 운명은 사랑의 대상조차도 아니다. 사랑한다는 것은 사랑하지 않는다는 배제의 사태를 수용한다. 그러나 니체에게서 운명은 사랑할 수밖에 없다. 자신의 운명을 사랑하지 않는 것은 데카당스이며 데카당스는 운명애에 포함되지 않기 때문이다. 운명애는 자신의 삶에 닥치는 일회적인 사건들에 대한 철저한 사랑이다.

그리스인들은 절제되지 않은 의식의 운동이 삶을 황폐화할 것이라는 것, 그리고 살기 위해서 의식의 충동을 제어해야 한다는 것을 알았다.[79] 그들은 운명인 모이라(Moira)의 실이 언제 끊어질지 걱정하지 않고 대지 위에 위태롭게 걸쳐있어야 하는 자신들의 죽음까지도 운명으로 수용하였다. 올림퍼스의 신은 모이라의 대척에 존재하는 광명의 세계이지만 그곳의 신들 또한 운명의 여신인 아낭케(anankē)[80]에 예속되어 있다.[81] 그

---

79) 『유고(1870년~1873년)』, 357 참조, KGW Ⅲ-2, NS (1870-1873) 301 참조.

80) "(…) '지성(nous)에 의해 만들어진 것들'을 보여 준 것들입니다. 그러나 '필연(anankē)의 산물들'도 우리의 이야기에 병행되어야 합니다."(박종현·김영균 공역, 『플라톤의 티마이오스』, 서광사, 2000, 47e, 131); "헬라스어 anankē에는 강제·필요·필수·운명·필연·필연성 등의 뜻이 있는데, 여기서는 '필연'으로 번역하기로 했다. 그리고 『국가』편에서는 '아낭케'(필연)가 여신으로 인격화되어있다. 그러나 『티마이오스』편에서 anankē는 지성이 개입하기 이전의 물질의 상태를 지칭하기 위하여 사용된다. 지성이 개입하기 이전의 물질들은 다른 것에 의해 움직여지고 다시 다른 것들을 필연적으로 움직이지만, 이 운동은 불확정적이고 불규칙적이며 무질서하게 이루어진다."(같은 책, 47e, 같은 쪽, 역자주 279); "따라서 데미우르고스가 그에게 주

리스인들의 머리 위에는 신(神)이 아닌 운명이 있다. 신들은 그들보다 조금 더 높은 위계에 있던 자들에 불과하며, 그 신들은 인간과 같은 정동으로 사는 자들이다. 신과 인간의 차별은 죽음의 유무에 달려있을 뿐, 신들 역시 회전하는 운명은 극복할 수 없는 자들이다. 운명에 대한 사랑은 올림퍼스의 신들 역시 지녀야 할 태도이다.

한 치의 오차도 없는 필연들의 발생들을 긍정하는 것이 운명에 대한 사랑의 태도이다. 필연들의 회귀에서 일탈을 꿈꾸는 것은 비겁하게 두려워하는 태도이다. 모든 사건들의 정해진 닥쳐옴을 오히려 의욕하는 것이 진정으로 삶을 사랑하는 자들의 태도이다. 정해진 죽음이라는 운명을 회피하려 노력하는 많은 사람들은 닥쳐오는 죽음이라는 필연이 지금의 삶에 던지는 강한 실존적 의미를 깨닫지 못한다.

운명은 세계를 지배하는 성스러운 힘이며 거역할 수 없는 강한 힘이다. 운명은 삶의 짧은 유희조차도 허무하게 만들 정도로 강하게 인간을 장악하는 저편의 공포스러운 힘이다. 그러나 니체는 이 운명에 대해 대처하는 자세 또한 그리스비극과 그 영웅들을 통해서 우리에게 제시한다. 니체는 인간 저편의 운명이라는 힘을 인간의 삶에 내속시킨다. 운명은 우리와 더불어

어져 있는 질료적인 것, 즉 필연을 강제하지 않고 설득한다 함은 필연이 그 고유한 힘과 성질을 갖고 있으며, 이런 필연의 특성을 그가 자신의 목적을 위해 최대한 이용할 뿐이라는 것을 함축하지, 필연의 한계(제약)까지 넘어설 수 있다는 것을 의미하지는 않는다."(같은 책, 47e, 131-132, 역자주 281)

81) 『유고(1870년~1873년)』, 66, 132 참조, *KGW* Ⅲ-2, *NS (1870-1873)* 52, 107 참조; "헬레니즘의 위대한 지혜는 신들 역시 **필연성 anagke** 에 굴복한 것으로 이해했다는 점이다."(『유고(1869년 가을~1872년 가을)』, 100, 강조원문, *KGW* Ⅲ-3, *NF (1869H-1872H)* 77)

회전한다. 일회적인 것들을 긍정하는 니체의 사상은 한 개별자의 총체적인 운명을 전적으로 사랑할 수밖에 없는 사상이다. 그의 영원회귀 사상은 이 일회성을 무한히 의욕하는 긍정의 사상이다.

또한 필자가 볼 때 영원회귀 사상은 니체가 자신의 체계에 주입하려 했던 영원성의 보충물이다. 니체는 신의 죽음으로 상실된 자신의 사상에서의 영원성을 영원회귀 사상으로 보충해내려 했다. 그는 인간이 자신들의 유약한 실존에서 요구하는 형이상학적 요구와 영원성에 대한 갈구를 모조리 없애는 것이 아니라, 인간의 유일한 삶 안으로 그것을 다시 채워 넣으려 했으며 영원회귀 사상은 그 도구의 하나다. 영원회귀 사상은 주체와 이 세계의 지속적인 변화와 생성을 주장하는 사상인 것이다.82)

없어도 좋은 것은 없으며 있는 것은 모두 긍정된다는 그의 사상은 우연성과 필연성을 하나로 다시 접근하게 만든다. 현재는 우연과 필연의 접점이다. 우연과 필연은 현재에서 사건의

---

82) 『유고(1881년 봄~1882년 여름)』, 493, *KGW* V-2, *NF (1881F-1882S)* 492-493; 영원회귀에 대한 니체의 직접적 서술은 다음을 참조하라. 『유고(1881년 봄~1882년 여름)』, *KGW* V-2, *NF (1881F-1882S)*, 11[202], 11[203], 11[206], [245], 11[305]; 뢰비트는 영원회귀 사상은 니체 철학의 근본 주제이며, 열쇠라고 말한다; 니체의 철학이 인간의 힘과 자유를 증진하기 위한 기획이라면 영원회귀 사상은 그 기획의 핵심이다. 그러나 기독교의 복음이나 세계의 기계적 진보를 신뢰하는 자들에겐 이 사상은 당혹스러운 걸림돌이며, 기독교와 무신론 사이의 논쟁을 역사적으로 지속하게 하는 중요한 주제이다. Karl Löwith, *Meaning in history*, University of Chicago Press, 1949, 214-222, in Karl Löwith, "Nietzsche's revival of the doctrine of Eternal recurrence", *Nietzsche-Critical Assessments*, Vol. II., trans. Michael Gendre, London·New York: Routledge, 175 참조; 니체는 이 사상이 삶의 혹독함을 견뎌내는 것에 따라 강자를 약자로부터 분리하는 최고의 허무이며 심연의 사유라고 말한다. Adrian Del Caro, "Symbolizing Philosophy: Ariadne and the Labyrinth", *Nietzsche Studien*(1988), Band 17(1988), Berlin·New York: Walter de Gruyter, 125-157 참조.

본질을 드러낸다. 현재가 그 순간 힘의 응집을 경험하지 못하면서 현재는 무기력한 과거로 지나간다. 현재를 힘의 응집으로 보존하려는 노력, 그것은 현재를 우연히 닥쳤으나 자신의 필연적 사건으로 전환하여 맞이하려는 태도에서 드러난다. 그렇게 힘은 현재를 놓치지 않게 된다. 우연을 단지 흘려보낼 만한 무기력한 것으로 만들지 않기 위해 주체는 세계 사건의 필연성을 인식해야 한다. 그때야 비로소 세계의 사물과 사태는 그 존재의 정당성과 부당성을 헤아리려는 판단의 작위에서 자유롭다.

니체가 비극적 파토스라고 불렀던 파토스 중의 파토스는 긍정의 파토스[83]이다. 진정한 기쁨은 슬픔의 부정이 아니라 그것의 승화이다. 부정된 슬픔은 포기된 정신이며 반응적 정동에 불과하다. 그러나 긍정된 슬픔은 인식하는 정신이며 정동의 자기 극복이다. 그림자가 없는 순간, 정오에 영원회귀는 도래한다. 모든 순간은 영원회귀의 최고의 긍정과 저주가 조합하는 정오의 시간이면서, 디오니소스와 십자가에 못 박힌 자가 회전하는 가장 짧은 그림자의 시간이다. 모든 순간에는 두 개의 길이 교차하며, 둘이 합하거나 분열되고, 시간이 당겨지거나 늦추어진다.[84]

이제 마지막 인간이 되지 않기 위한 투쟁, 그것은 고귀한 인간인 위버멘쉬를 목표로 한다. 인간은 진화의 노정에 있으며, 지금

---

83) "내가 비극적 파토스라고 불렀던 파토스 중의 파토스인 **긍정의** 파토스"(『이 사람을 보라』, 420, 강조원문, *KGW* VI-3, *EH* 334)

84) "디오니소스는 한낮으로서의 시초이며, '하나가 둘로 변하는' 순간이며, […] 바로 그 '둘이 됨' 또는 분열의 순간이다."(알렌카 주판치치, 『정오의 그림자-니체와 라캉』, 43)

도 진화하고 있다.[85] 인간은 벌레로부터 인간으로, 인간에서 위버멘쉬를 향해 진화해 간다.[86] 인간이 수행하는 진화는 자기를 변형시키고 그 삶을 변주시키는 것이며, 변형과 변주로서 자기의 삶을 진화시키는 자는 위버멘쉬의 길에 들어서 있는 것이다.[87]

---

85) 이 말이 니체가 다윈의 진화론을 그의 사상에 전적으로 수용했다는 주장은 아니다; 니체는 종(種)의 진화를 부정하는 면에서 다윈과 대립한다. 이에 대해서는 『유고(1888년 초~1889년 1월 초)』, 136-139 참조, *KGW* VIII-3, *NF (1888A-1889AJ)* 103-109 참조; "'자연 본성을 탈자연화'시키는 일은 있을 수 없다"(『유고(1888년 초~1889년 1월 초)』, 136, *KGW* VIII-3, *NF (1888A-1889AJ)* 107); "유로서의 인간은 진보하지 않는다. […] 유로서의 인간은 여타의 동물과 비교해서 어떤 진보도 보여주지 않는다. […] 인간의 길들임('문화')은 깊은 곳에 도달하지는 못한다. (…)"(『유고(1888년 초~1889년 1월 초)』, 138-139, *KGW* VIII-3, *NF (1888A-1889AJ)* 108-109); 반면 Pearson은 다음과 같이 주장한다; "니체가 위버멘쉬를 비-다위니즘적 진화의 형식으로 설명하는 것이 종종 주목되었지만(거의 이해되지는 않았을지라도), 그의 다윈과의 관계는 그 중요성에 비해 그리 주목받지 않았다. […] 첫째, 니체의 아주 급격한 철학적 사상에는 본질적으로 '진화론적인' 기초들이 놓여있다는 것을 아는 것이 필요하다. […] 둘째, 니체가 그 자신을 다윈에 '적대하는 것'으로 제시하지만, 그는 사실 자주 다윈을 '지지하며' 글을 쓰고, 단지 그의 사상을 대중화시킬 때 도출한 다윈의 외생적 모습에 대해서만 반박할 뿐이다. […] 니체의 '반다윈적' 입장에서의 이해는 상당히 이데올로기적이다. 그는 자연 선택을 마치 생명의 반동적 힘들과 그것들이 근대성에서 승리를 쟁취한 것을 지원하는 것으로서 독해한다"(Keith Ansell Pearson, "Nietzsche contra Darwin", *Nietzsche-Critical Assessments*, Vol.IV., *Between the Last man and the Overman, The question of Nietzsche's Politics*, ed. Daniel W. Conway with Peter S. Groff, London·New York; Routledge, 1998, 7-8); 니체 사상과 다윈의 진화론에 관한 논의는 다음 참조. John Richardson, *Nietzsche's New Darwinism*, New York: Oxford University Press, 2004; 국내 논문으로는 홍사현, 「니체는 왜 다윈을 비판했는가?-니체와 다윈의 진화론적 사유 비교를 위한 예비연구」, 『니체연구』, 제23집(한국니체학회, 2013) 참조; 정동호, 「니체철학의 자연과학적 토대」, 『니체연구』, 제15집(한국니체학회, 2009), 117-142 참조.

86) 니체는 진화론의 '보존'의 측면보다 '발전'의 측면을 중시한다. 스피노자의 '자기보존의 충동'으로서 코나투스(Conatus)는 비판의 대상이 된다. 보존이란 정지해 있다는 것인데 그런 상태를 운동하고자 하는 충동이 욕망할 수는 없기 때문이다. 이는 다윈의 진화론이 지닌 '보호와 보존'의 의미에도 유효하게 적용된다; "자기보존 욕구란 없다!"(『유고(1881년 봄~1882년 여름)』, 469, *KGW* V-2, *NF (1881F-1882S)* 377); "…스피노자의 경우처럼 철학자가 자기보존충동을 가장 결정적인 것으로 여길 때, 우리는 이것을 하나의 증상으로 보아야 한다; ─즉 그는 위기에 처한 인간인 것이다. 현대의 자연과학이 그토록 스피노자의 도그마에 말려든 것(가장 최근이자 최악의 사례는 다위니즘에서 주장하는 "생존을 위한 투쟁"이라는 도저히 이해할 수 없을 정도로 편파적인 이론이다─)은, […] '민중'에 속한다. (…)"(『즐거운 학문』, 333, 강조원문, *KGW* V-2, *FW* 267); "자연은 '종족을 보존하고자 하지 않는다"(『유고(1881년 봄~1882년 여름)』, 505, *KGW* V-2, *NF (1881F-1882S)* 406); "인간은 **바-동물** Untier 이며 **초-동물** Übertier 이다; 높은 인간은 비-인간 Unmensch 이며 초-인간 Übermensch 이다"(『유고(1887년 가을~1888년 3월)』, 110, 강조원문, *KGW* VIII-2, *NF (1887H-1888M)* 90); 니체는 나폴레옹을 높은 인간으로서 비-인간 Unmensch 에 비유한다(*KGW* VIII-2, *NF (1887H-1888M)* 128 참조; "평균적인 인간과는 다른 […] 더욱 강한 종, 더 높은 유형 […] '위버멘쉬 Übermensch.'"(같은 책, 151, *KGW* VIII-2, *NF (1887H-1888M)* 128)

87) "니체는 가치 재평가의 문제에 몰입해 있었으며, **위버멘쉬**에 대한 그의 진술은 변형이라는 이미지로 이해될 수 있을 것이다."(Richard Lowell Howey, "Some difficulties about reading Nietzsche", *Nietzsche Studien*, Band 8(1979), Berlin·New York: Walter de Gruyter, 385, 강조원문)

6

나오는 글

그것이 생이었던가? 좋다! 그렇다면 다시 한번![1]

이 글은 니체의 사상을 중심으로 '자기'로서의 신체적 주체를 재구성하고자 하였다.[2] 그것은 또한 그의 주체의 구성 문제를 서양의 근대 의식 철학이 제공하였던 인간론과 차별되게 구성하는 문제이기도 하였다.

우리는 절망과 고통으로 인해 인간이 더욱 고귀할 수 있다는 니체의 말을 이해해야 한다. 시련과 오류를 극복하면서 우리는 스스로의 삶을 창조해 나간다. 우리는 신체적 주체로서 자기의 삶을 세계 내에서 구현하고, 그 삶의 사태에 대해 전적으로 책임을 지는 주인의 삶을 살아야 한다. 자기의 삶을 방기하는 것은 자기를 방기하는 것이며, 이것은 우리가 자기로서 살고자 하지 않는다는 말과 같다. 수동적으로 주어진 삶을 감내하며

---

1) 『차라투스트라』, 263, 강조원문, *KGW* VI-1, *Za* 195.

2) 이렇게 정리된 신체성(Leiblichkeit)으로서의 주체는 근대적 주체와는 차별되는 '새로운 주체'이다. '신체적 주체'로서의 '자기'는 규정된 자기를 극복하는 '진정한 주체'이다. 이 주체는 표면적 주체의 배후에서 '발견한 주체'이며, 거짓된 자아를 '극복한 주체'이다. 따라서 비유하자면 이 주체는 '본래적(本來的) 자기'이며 '진정한 나(眞我)'이다.

묵묵히 순응하는 것은 자기를 의식하지 못하며 자기를 포기하는 것과 같다. 단순한 의무로서의 삶은 유약함이며, 자기이고자 하지 않는 것이다. 각자는 자기의 삶에 유일한 주인이며 각자의 삶은 그만이 창조하고 누릴 수 있는 고유한 운명이다.

필자는 이 글에서 현재라는 순간에 처한 주체는 자기의 존재를 신체성으로부터 출발시켜야 한다는 것을 논의하였다. 현재와 그 신체성을 떠난 판단은 자기의 문제를 그의 시간과 물적 기반으로부터 이탈시킨다.3) 이탈된 주체성은 자기로 하여금 본원적 자기와의 근원적 접속을 상실하고 현존재로서의 자기 문제를 인식하지 못하게 한다. 의식은 주체와 타자의 문제, 자기와 세계의 문제를 긴밀하게 접속시켜 반성할 때에만 진정한 의식일 수 있다. 이렇게 니체의 신체 사상은 관념적 의식 철학의 병리를 교정하고 바로잡는다.

니체는 전통적인 지성의 형식을 좇아 철학적 체계를 세우지 않는다. 지성 개념은 니체의 사상에서는 부수적인 역할만 수행할 뿐이다. 필자는 정신과 육체의 대립을 해소하는 것이 니체의 신체성이며, 과거와 미래의 구분이 무너지는 곳이 현재라는 것을 언급했다. 무한과 유한도 마찬가지다.

제2장에서는 니체가 대적하는 전통적인 초월 개념은 인간의 신체를 떠나 그 외부에 상정된 초월자임을 살펴보았다. 그런데 주체에 종사하지 못하는 초월은 사이비(似而非) 초월이다. 인간

---

3) "우리의 현재는 우리 존재의 물질성이다."(Henri Bergson, *Matter and Memory*, trans. Nancy Magaret Paul & W. Scott Palmer, New York: Dover Publications, 2004. 178); "결국 우리의 현재는 우리 신체의 상태이다."(Henri Bergson, 같은 책, 320)

의 진화는 정신과 육체, 이성과 정동의 화합인 신체가 이루어낸 것이다. 그런데 이러한 정신과 정동이 그 주인, 즉 신체적 주체를 버리는 운동을 수행할 때 그 정신과 정동의 운동은 거짓 초월을 향한다. 이것은 데카당스다. 여기에서는 또한 인간에 근거하지 않은 힘의 퇴락일 뿐인 초월 개념을 추방하고 제대로 인간에게 종사하는 초극의 문제를 살펴보았다.

제3장에서는 자기와 도덕 및 삶의 예술 문제를 다루었다. 여기서 필자는 칸트적 실천철학에서 나아가 주체의 모든 힘의 구현 양태가 도덕이라는 주장을 폈다. 니체는 도덕을 힘의 현상으로서 살펴본다. 따라서 한 시대의 도덕은 그 시대의 힘의 현상이다. 니체의 비도덕주의 역시 당대의 왜곡된 힘의 발현 양태로서의 도덕 현상에 반대하는 것으로 해석할 수도 있을 것이다.4) 자기가 세운 힘으로서의 도덕은 주체를 고양하는 도덕이므로 그것은 주체의 힘을 위한 형식으로서의 도덕을 요구하지 그 힘을 제약하기 위한 도덕을 요구하지 않는다. 즉 주체는 자기의 힘을 위한 도덕 너머의 도덕을 요구하고 창조해야 한다. 그렇다면 그 도덕은 새로운 도덕으로서 자기의 신체 전부로부터 발현되는 삶의 예술로서의 도덕이다. 삶의 도덕은 하나의 미학적 창조물로서의 조형의 문제가 되는 것이다. 삶의 창조는 도덕의 창조이며, 그것은 신체에 의존하므로 신체의 잠재성을 발현하는 예술적 창조의 문제가 된다.

---

4) "이 책은 도덕에 대한 신뢰를 철회한다. 왜냐고? **도덕에 충실하기 위해서!**"(『아침놀』, 15, 강조 원문, *KGW* V-1, *M* 8)

제4장에서는 자연을 다루었다. 자연이란 신체가 거주하는 세계이며 인간의 삶이 이루어지는 터전이다. 인간의 유일한 세계, 그것을 니체는 대지라고 부른다. 신체는 대지에 거주하고 대지는 신체를 훈육한다.

인간의 본래성을 신체에 놓는 방식은 신체가 구비한 육체적 물질성으로 인해 세계와 인간 사이의 존재적 대립 관계를 해소한다. 그러나 세계를 물질로 파악한다는 의미가 세계를 분석·분해한다는 의미는 아니다. 니체에게서 자연은 유기체이다. 자연은 살아서 움직이는 대지이다. 니체의 사상은 순환론이다. 주체와 대지 사이의 벽을 제거하기 위하여 주체는 신체의 놀이로서의 춤을 춘다. 그런 의미에서 춤은 투쟁이다. 춤은 신체의 정동으로 무표정한 신을 파괴하는 투쟁이다. 춤은 인간을 구속하는 도덕을 파괴하는 투쟁이다. 놀이는 단절된 자연과의 재결합이며, 약동하는 생명에 대한 재긍정이다. 신체적 주체는 대지와 직접 소통하는 존재자이다. 대지는 카오스적 질서이다. 분석적 자연의 대척에 생명의 자연이 있다.

제5장에서는 니체의 생명 사상을 살펴보았다. 세계는 지속적 충동과 욕망이 상호 충돌과 투쟁을 일으키며 번성하는 곳이다. 인간의 생활세계 또한 이러한 충동과 욕망의 무대이다. 생명은 살기 위하여 세계 내에서 투쟁한다. 생명은 도덕과 규칙을 넘어선다. 이때 신체는 생명의 한계 개념이다. 살고자 하는 의지가 자신의 신체를 넘어설 수는 없다. 신체의 외부에는 아무것도 존재하지 않는다. 그것이 한 존재자의 운명이며, 외부로 도

피하고자 하지 않는 것이 운명애이다.

니체가 세계를 힘에의 의지라고 부를 때, 이것은 세계가 자신의 운동을 지속해서 수행하고 있다는 말이며, 운동으로 자기를 드러내고자 하는 것은 자기를 구성하는 생명을 나타내고자 하는 것이다. 따라서 니체의 주요 개념은 생명성을 직·간접적으로 지지하는 개념들일 수밖에 없다. 힘은 생명을 고도로 추상한 개념이며, 세계의 영원회귀는 이 생명의 확장하고 수축하는 운동을 우주론적으로 지지하는 개념이다. 가치의 전도는 도덕으로 바라본 생명의 확장과 수축 운동을 나타내며, 관점주의는 다원화된 생명의 양태에 대한 긍정이다. 무엇보다 위버멘쉬는 생명성을 우선으로 삼고 반생명적 가치를 추방하는 구성 개념이다.

그리고 병과 건강은 이 생명의 전개 과정을 구체적으로 실현하고 설명한다. 주체의 건강은 반드시 대지의 자연성으로 촉진되어야 하며 건강의 규준은 자연성과 다른 것이 아니다. 대지로서의 자연이 제공하는 최초의 건강은 어린아이의 순수함으로 환원되며, 그 순수함은 정신이 지향해야 할 행선지이다. 춤은 어린아이의 정신이 대지로 발현하는 신체의 활동이다. 춤은 주체가 세계 내에서 삶을 전개하는 방식에 대한 은유이다. 세계에 대한 정직한 태도를 지니고 최대한의 힘으로 구현하는 최고의 몸짓이 춤이다. 그것을 무한히 되풀이하겠다는 반복으로서의 힘의 생산이 영원회귀이며, 그것은 주체의 신체, 대지로서의 세계에 대한 긍정의 정동으로부터만 출현할 것이다.

지금까지 필자는 니체의 사상을 토대로 신체로 구성하는 새로운 주체로서의 '자기'에 관한 문제를 탐구하였다. 신체는 정신 위주로 파악한 인간관이 제공하지 못할 미지의 힘을 주체에게 선사한다. 신체의 힘은 발견되지 못했을 뿐이지 존재하지 않는 것이 아니다. 그것은 인간의 삶의 지평을 무한히 확장할 힘의 개념이다. 특히 근대 철학이 정신 위주의 개념 구성으로 인해 상대적으로 다루는 데 소홀히 하였던 신체의 문제는 앞으로도 더 연구되고 천착되어야 할 중요한 철학적 문제이기도 하다. 그것은 니체 사상의 요체(要諦)이기도 하지만 현대에 사는 인간의 주체적 삶을 창조하고 촉진하기 위한 철학적 과제이기도 하다.

　　이 글은 의식으로서의 정신, 정동, 의지, 무의식 등이 자아 및 자기 문제와 어떤 관계에 있는지를 깊게 다루지는 못했다. 이는 앞으로 규명되어야 할 니체 연구의 중요한 과제들로 남겨둔다. 비록 그것이 신체에 대한 방대한 논의를 요구할 지라도 신체성 전부로 고찰하는 철학이 보다 제대로 인간의 구체적 실존을 파악 가능하게 하고, 나아가 대지로서의 세계와 그 내부의 존재자들 모두를 편견 없이 사려할 수 있기 때문이다.

　　마지막으로 니체의 사상은 거대한 사상들의 소통 불가능성에 도전하는 위험한 사상이며 노쇠함이 보이지 않는 젊은 사유이다. 니체의 사상은 금기나 도덕적 의무를 거부하고 비판하기만 하는 저항적 사유로만 이루어져 있는 것이 아니다. 니체는 자기의 사상 곳곳에서 전통적 사상과 씨름하는 자신의 개념들뿐 아니라 그 전통적 사상과 과거의 철학자들이 고민하며 세워놓았던 개념들을 검토하며 자신의 채로 걸러낸다. 니체는 전통을 넘어서 우리가 건설해야 하는 새로운 시대와 인간은 어떠해야 하는가 라는 문제를 제기한다. 그런 의미에서 니체의 사상은 하나의 파괴이자 탈주이며 창조로의 안내서가 될 수 있을 것이다.

참고문헌

1. 니체의 저서

니체, 프리드리히. 『바그너의 경우, 우상의 황혼, 안티크리스트, 이 사람을 보라, 디오니소스 송가, 니체 대 바그너』, 백승영 역, 2002.

_____. 『선악의 저편, 도덕의 계보』, 김정현 역, 책세상, 2002.

_____. 『언어의 기원에 관하여, 이러한 맥락에 관한 추정, 플라톤의 대화연구 입문, 플라톤 이전의 철학자들, 아리스토텔레스 수사학, 유고(1864년 가을~1868년 봄)』, 김기선 역, 책세상, 2003.

_____. 『아침놀』, 박찬국 역, 책세상, 2004.

_____. 『이 사람을 보라』, 백승영 역, 책세상, 2004.

_____. 『바이로이트의 리하르트 바그너, 유고(1875년 초~1876년 봄)』, 최문규 역, 책세상, 2005.

_____. 『비극의 탄생, 반시대적 고찰』, 이진우 역, 책세상, 2005.

_____. 『인간적인, 너무나 인간적인 I』, 김미기 역, 책세상, 2005.

_____. 『인간적인, 너무나 인간적인 II』, 김미기 역, 책세상, 2005.

_____. 『즐거운 학문』, 안성찬·홍사현 역, 책세상, 2005.

_____. 『플라톤 이전의 철학자들』, 김기선 역, 책세상, 2005.

_____. 『차라투스트라는 이렇게 말했다』, 정동호 역, 책세상, 2006.

_____. 『유고(1869년 가을~1872년 가을) -아이스킬로스, 소포클레스, 에우리피데스에 대하여』, 최상욱 역, 책세상, 2005.

_____. 『유고(1870년~1873년) 디오니소스적 세계관, 비극적 사유의 탄생 외』, 이진우 역, 책세상, 2005.

_____. 『유고(1872년 여름~1874년 말)』, 이상엽 역, 책세상, 2002.

_____. 『유고(1876년~1877년/1878년 겨울), 유고(1878년 봄~1879년 11월)』, 강용수 역, 책세상, 2005.

_____. 『유고(1880년 초~1881년 봄)』, 최성환 역, 책세상, 2004.

_____. 『유고(1881년 봄~1882년 여름)』, 안성찬·홍사현 역, 책세상, 2005.

_____. 『유고(1882년 7월~1883/84년 겨울)』, 박찬국 역, 책세상, 2001.

_____. 『유고(1884년 초~가을), 영원회귀-하나의 예언 외』, 정동호 역, 책세상, 2004.

_____. 『유고(1884년 가을~1885년 가을)』, 김정현 역, 책세상, 2004.

_____. 『유고(1885년 가을~1887년 가을)』, 이진우 역, 책세상, 2005.

_____. 『유고(1887년 가을~1888년 3월)』, 백승영 역, 책세상, 2006.

_____. 『유고(1888년 초~1889년 1월 초) -생성과 존재 외』, 백승영 역, 책세상, 2004.

Nietzsche, Friedrich. *Nietzsche Werke*, Kritische Gesamtausgabe, Herausgegeben von Giorgio Colli und Mazzino Montinari, Berlin, 1967-1995.

_____. *On the Genealogy of Morals*, Translated by Walter Kaufmann & R. J. Holingdale, New York: Random House, 1967.

_____. *Ecce Homo*, Translated by Walter Kaufmann, New York: Random House, 1967.

_____. *Thus spoke Zarathustra*, Translated by Walter Kaufmann, New York: Penguin Books, 1978.

_____. *The Anti-Christ*, Translated by H. L. Mencken, Tucson: See Sharp Press, 1999.

_____. *The Anti-Christ*, Translated by R. J. Hollingdale, New York: Penguin Books, 2003.

_____. *Twilight of the Idols*, Translated by R. J. Hollingdale, New York: Penguin Books, 2003.

_____. *Beyond Good and Evil*, contributed by Ed, Tim & Rodney, Iowa: 1st World Library Literary Society, 2004.

_____. *The Gay Science*, Translated by Josefine Nauckhoff, Cambridge: Cambridge University Press, 2005.

2. 니체에 관한 연구 문헌

국내 문헌

강영계. 『니체와 문명비판』, 철학과현실사, 2007.

_____. 『니체와 정신분석학』, 서광사, 2011.

강용수. 「니체의 생태학적 공생 추구와 생태학적 주체 찾기 – 생태 은유론을 중심으로」, 『해석학연구』, 제27집(한국해석학회, 2011), 279-304.

김선희. 「니체에 있어서 관점과 해석의 문제 – 관점에 대한 아이러니한 태도」, 『해석학연구』, 제19집(한국해석학회, 2007), 75-98.

김용찬. 「니체의 소크라테스 해석에 대한 비판적 고찰」, 『한국정치연구』, 제21집 제3호(서울대학교 한국정치연구소, 2012), 249-269.

김정현. 「니체에 있어서의 주체, 자아와 자기의 문제 – 도덕적, 미학적 자아관」, 『철학』, 제44집(한국철학회, 1995), 163-185.

_____. 『니체의 몸 철학』, 문학과현실사, 2000.

_____. 『니체의 생명 사상』, 철학과현실사, 2000.

_____. 「니체와 융 사상에서의 '자기' 찾기 – 융의 니체 읽기를 중심으로」, 『철학』, 제77집(한국철학회, 2003), 245-277.

_____. 『니체, 생명과 치유의 철학』, 책세상, 2006.

김주휘. 「'비극의 탄생' 읽기 – 니체 대 쇼펜하우어」, 『철학사상』, 제29집(서울대학교 철학사상연구소, 2008), 75-105.

_____. 「인간학적 문제로서의 삶의 부정」, 『니체연구』, 제18집(한국니체학회, 2010), 7-32.

_____. 「니체의 자연 사유에 대한 소고」, 『니체연구』, 제19집(한국니체학회, 2011), 89-114.

_____. 「니체의 완전주의적 요청에 대한 이해: '동물-인간-위버멘쉬' 이행을 중심으로」, 『범한철학』, 제71집(범한철학회, 2013), 101-133.

김진석. 「미시 파시즘론의 함정 – 니체의 '능동적 힘'을 너무 꺾어버린 들뢰즈」, 『니체연구』, 제8집(한국니체학회, 2005), 147-175.

김홍기. 「니체의 철학적 사유에 나타난 '몸의 이성'」, 제16집(한국괴테학회, 2004), 313-331.

김효섭. 「니체의 행복론: 행복의 조건」, 『니체연구』, 제22집(한국니체학회, 2012), 65-97.

Nehamas, Alexander. 『니체, 문학으로서의 삶』, 김종갑 역, 책세상, 1994.

Deleuze, Gilles. 『들뢰즈의 니체』, 박찬국 역, 철학과현실사, 2007.

_____. 『니체와 철학』, 이경신 역, 민음사, 2008.

박찬국. 「니체의 불교관에 대한 비판적 검토-고통의 문제를 중심으로」, 『철학사상』, 제33집(서울대학교 철학사상연구소, 2009), 193-235.

_____. 『니체와 불교』, 씨아이알, 2013.

백승영. 「니체 철학 개념연구 I-같은 것의 영원회귀」, 『철학』, 제63집(한국철학회, 2000), 215-236.

_____. 『니체. 디오니소스적 긍정의 철학』, 책세상, 2005.

_____. 「토픽맵에 기초한, 철학 고전 텍스트들의 체계적 분석 연구와 디지털 철학 지식지도 구축, 니체, '도덕의 계보'」, 『철학사상』 별책, 제5권, 제9호, 2005.

_____. 「니체 철학의 다문화적 이해; 신화적 상징과 철학적 개념-디오니소스와 디오니소스적인 것」, 『니체연구』, 제12집(한국니체학회, 2007), 69-104.

_____. 『니체: 건강한 삶을 위한 긍정의 철학을 기획하다』, 한길사, 2011.

_____. 「힘에의 의지의 관계론, 그 실천철학적 함축」, 『니체연구』, 제24집(한국니체학회, 2013), 121-147.

변순용. 「생명의 생태학적 의미에 대한 연구-니체와 슈바이처를 중심으로」, 『범한철학』, 제56집(범한철학회, 2010), 235-255.

양승권. 「니체와 비교연구: 니체와 "노장(老莊)"-허무주의(Nihilism)를 중심으로」, 『니체연구』, 제11집(한국니체학회, 2007), 153-180.

양해림. 「니체와 노자의 생태학적 자연관」, 『철학』, 제69집(한국철학회, 2001), 281-306.

오현숙, 「푸코의 윤리: 자기의 배려에서 광기의 윤리로」, 『인문학연구』, 7집(경희대학교 인문학연구원, 2003), 185-213.

윤성진. 「니체의 형이상학비판」, 『니체연구』, 제9집(한국니체학회, 2006), 35-56.

이경희. 「니체 도덕철학의 토대」, 『니체연구』, 제9집(한국니체학회, 2006), 57-89.

이상엽. 「니체의 '동일한 것의 영원회귀'에 대한 연구」, 『니체연구』, 제5집(한국니체학회, 2003), 71-96.

_____. 「니체의 도덕비판」, 『한국철학논집』, 제19집(한국철학사연구회, 2006), 73-103.

_____. 「니체의 이상적 인간상 연구」, 『니체연구』 제11집(한국니체학회, 2007), 121-151.

_____. 「니체의 삶의 예술철학-탈근대 시대의 새로운 윤리학」, 『니체연구』,

제17집(한국니체학회, 2010), 87-114.

이성백. 「변증법비판으로 독해한 들뢰즈의 니체해석」, 『시대와 철학』, 제18권 1호(한국철학사상연구회, 2007), 267-296.

이주향. 「자기를 아는 자의 고통에 대한 니체의 해석-니체는 왜 오이디푸스와 프로메테우스의 고통에 주목했을 까?」, 『니체연구』, 제18집(한국니체학회, 2010), 185-205.

이진우. 『니체, 실험적 사유와 극단의 사상』, 책세상, 2009.

_____. 「니체, 몸 그리고 "춤추는 사유"」, 『니체연구』, 제25집(한국니체학회, 2014), 7-40.

임건태. 「전통형이상학비판으로서의 니체의 비극해석」, 『니체연구』, 제7집(한국니체학회, 2005), 71-104.

_____. 「니체의 도덕적 세계 해석 비판」, 『니체연구』, 제9집(한국니체학회, 2006), 89-120.

_____. 「니체의 또 하나의 코페르니쿠스적 혁명-우주적 자연을 바탕으로 한 자연의 탈(脫)인간화와 인간의 자연화」, 『니체연구』, 제16집(한국니체학회, 2009), 161-189.

임홍빈. 「몸과 이성, 자아: '차라투스트라는 이렇게 말했다'의 한 해석」, 『니체연구』, 제10집(한국니체학회, 2006), 175-195.

전예완. 「춤추는 몸: 실존의 미적 정당화-니체 사상에서 '춤'의 의미 분석을 중심으로」, 『인문논총』, 제66집(서울대학교 인문학연구원, 2011), 67-96.

정낙림. 「디오니소스 다시 한번 더, 니체의 디오니소스-자그레우스 신화의 수용과 철학적 의미」, 『니체연구』, 제7집(한국니체학회, 2005), 7-41.

_____. 「Aion, 놀이하는 아이 그리고 디오니소스: 니체의 놀이 개념에 대한 한 연구」, 『인문논총』, 제57집(경북대학교 동서사상연구소, 2007), 27-53.

_____. 「놀이, 정치 그리고 해석: 놀이에 대한 철학적 연구-니체의 놀이 개념을 중심으로」, 『니체연구』 제14집(한국니체학회, 2008), 159-190.

_____. 「니체는 다원주의자인가-진화인가, 극복인가?」, 『니체연구』, 제24집(한국니체학회, 2013), 57-86.

정동호. 「자연의 도덕화와 탈자연화」, 『니체연구』, 제1집(한국니체학회, 1995), 193-217.

_____. 「영원회귀문제」, 『인문학지』, 제31집(충북대학교인문학연구소, 2005), 227-245.

_____. 「니체 철학의 자연과학적 토대」, 『니체연구』, 제15집(한국니체학회, 2009), 117-142.

정지훈. 「니체의 위대한 정치와 하나의 유럽」, 『철학사상』, 제48집(서울대학교 철학사상연구소, 2013), 97-124.

정항균, 「종교적 예외의 반복에서 미학적 창조의 반복으로 – 키르케고르와 니체의 반복개념 연구」, 『카프카 연구』, 제19집(한국카프카학회, 2008), 233-263.

Zupančič, Alenka. 『정오의 그림자 – 니체와 라캉』, 조창호 역, 도서출판 b, 2005.

진은영. 「니체에서의 '영원성'의 긍정적 양식」, 『철학연구』, 제58집(철학연구회, 2002), 207-226.

_____. 『니체, 영원회귀와 차이의 철학』, 그린비, 2007.

최준호. 「미학적인 것과 인간적 삶-니체 미학의 선구자로서의 칸트? 탈 칸트 미학의 완성자로서의 니체?」, 『니체연구』, 제24집(한국니체학회, 2013), 185-223.

최진아. 「대중문화의 허무주의 현상에 대한 비판적 연구 – 니체의 근대문화비판을 중심으로」, 『니체연구』, 제15집(한국니체학회, 2009), 33-61.

Zweig, Stefan. 『니체를 쓰다』, 원당희 역, 세창미디어, 2013.

Klossowski, Pierre. 『니체와 악순환: 영원회귀의 체험에 대하여』, 조성천 역, 그린비, 2009.

Heidegger, Martin. 『니체 I』, 박찬국 역, 길, 2010.

_____. 『니체 II』, 박찬국 역, 길, 2012.

홍사현. 「자기 생산 하는 삶, 자연, 세계 – 니체의 발생존재론」, 『니체연구』, 제13집(한국니체학회, 2008), 197-223.

_____. 「니체의 문화비판과 고대 그리스-문화의 계보학적 고찰」, 『니체연구』, 제15집(한국니체학회, 2009), 7-32.

_____. 「니체는 왜 다윈을 비판했는가? – 니체와 다윈의 진화론적 사유 비교를 위한 예비연구」, 『니체연구』, 제23집(한국니체학회, 2013), 69-100.

홍일희. 「니체 철학에서 생명의 자연성과 인위성」, 『범한철학』, 제30집(범한철학회, 2003), 129-152.

국외 문헌

Andresen, Joshua Peter. *Nietzsche's Project of Revaluing All Values,* Evanston: Northwestern University, 2005.

Ansell-Pearson, Keith J. "Nietzsche's overcoming of Kant and Metaphysics:

from Tragedy to Nihilism", *Nietzsche Studien*, Band 16(1987). Berlin · New York: Walter de Gruyter.

_____. "Nietzsche contra Darwin", *Nietzsche-Critical Assessments*, Vol. Ⅳ., *Between the Last man and the Overman, The question of Nietzsche's Politics*, Edited by Daniel W. Conway with Peter S. Groff, London · New York: Routledge, 1998.

Arras, John D. "Art, Truth, and Aesthetics in Nietzsche's Philosophy of Power", *Nietzsche Studien*, Band 9(1980), Berlin · New York: Walter de Gruyter, 239-259.

Babich, Babette E. "Nietzsche's Chaos sive natura: Evening gold and the dancing star", *Revista Portuguesa de Filosofia*, T.57(2001).

_____. "'The problem of science' in Nietzsche and Heidegger", *Revista Portuguesa de Filosofia*, T.63(2007), 205-237.

Bataille, Georges. *On Nietzsche*, London: The Athlone Press, 1992.

Blanchot, Maurice. "Reflections on Nihilism: Crossing of the Line", *Friedrich Nietzsche*, Edited by Harold Bloom, New York: Chelsea House Publishers, 1987.

Blondel, Eric. "The question of genealogy", *Nietzsche-critical assessments*, Vol. Ⅳ., *Between the last man and the overman, The question of Nietzsche's Politics*, Edited by Daniel W. Conway with Peter S. Groff, London · New York: Routledge, 1998.

Clayton, John Powell. "Zarathustra and the stages on life's way: a Nietzschean riposte to Kierkegaard?", *Nietzsche Studien*, Band 14(1985), Berlin · New York: Walter de Gruyter, 179-200.

Conway, Daniel. W. "Perspectivism and Persuasion", *Nietzsche Studien*, Band 17(1988), Berlin · New York: Walter de Gruyter, 555-562.

_____. "The Uses and Disadvantage of Morality for Life", *Nietzsche-Critical Assessment, On Morality and The Order of Rank*, Vol. Ⅲ., Edited by Daniel W. Conway with Peter S. Groff, London · New York: Routledge, 1998.

Crawford, Claudia. "Nietzsche's Mnemotechnics, the theory of Ressentiment, and Freud's Topographies of the Psychical apparatus", *Nietzsche Studien*, Band 14(1985), Berlin · New York: Walter de Gruyter, 281-297.

Del Caro, Adrian. "Symbolizing Philosophy: Ariadne and the Labyrinth", *Nietzsche*

Studien, Band 17(1988), Berlin · New York: Walter de Gruyter, 1988.

Deleuze, Gilles. *Nietzsche and Philosophy*, translated by Hugh Tomlinson, London: The Athlone Press, 1992.

Diethe, Carol. *Nietzsche's women: beyond the whip*, Berlin: Walter de Gruyter, 1996.

Dudrick, David Francis, B. A. *Problems of the modern self: Reflections on Rorty, Taylor, Nietzsche, and Foucault*, Indiana: University of Notre Dame, 2000.

Feit, Mario Andreas. *Mortality, sexuality and citizenship: Reading Rousseau, Arendt, and Nietzsche*, Baltimore: The Johns Hopkins University, 2004.

Foot, Philippa. "Nietzsche's Immoralism", *Nietzsche-Critical Assessment, On Morality and The Order of Rank*, Vol. III., Edited by Daniel W. Conway with Peter S. Groff, London · New York: Routledge, 1998.

Ford, James M. *Nietzsche, nihilism, and Christian theodicy*, Princeton: Princeton University, 2000.

Gelven, Michael. "Nietzsche and the question of Being", *Nietzsche Studien*, Band 9(1980), Berlin · New York: Walter de Gruyter, 209-223.

Gilbert, Barry Seth. *'We knowers': The morality of knowledge in Nietzsche's 'Genealogy'*, Boston: Boston University, 2006.

Greenwald, Christopher Scott. *The Limits of Freedom: Nietzsche's Moral and Political Psychology*, Durham: Duke University, 2001.

Grimm, Reinhold. "The hidden heritage: Repercussions of Nietzsche in modern theater and its theory", *Nietzsche Studien*, Band 12(1983), Berlin · New York: Walter de Gruyter, 355-371.

Haar, Michel. "Life and natural totality in Nietzsche", *Nietzsche-Critical Assessments*, Vol. II., *The world as will to power—and Nothing Else?: Metaphysics and Epistemology*, translated by Michael Gendre, Edited by Daniel W. Conway with Peter S. Groff, London · New York: Routledge, 1998.

Han-Pile, Béatrice. "Nietzsche and Amor Fati—To the Memory of Mark Sacks", *European Journal of Philosophy*, Blackwell Publishing Ltd, 2009.

Heidegger, Martin. *Nietzsche*. Vol. I - II., Translated by David Farrell Krell, New York: HarperCollins Publishers, 1991.

_____. "The Word of Nietzsche: God is Dead", *Nietzsche—Critical Assessments*, Vol. II., *The world as will to power—and Nothing Else?:*

Metaphysics and Epistemology, Edited by Daniel W. Conway with Peter S. Groff, London · New York: Routledge, 1998.

Heller, Erich. "Nietzsche-Philosopher of Art", *Meeting of the North American Nietzsche Society on December 29, 1980*, in Boston, Massachusetts, *Nietzsche Studien*, Band 12(1983), Berlin · New York: Walter de Gruyter.

Howey, Richard Lowell. "Some difficulties about reading Nietzsche", *Nietzsche Studien*, Band 8(1979), Berlin · New York: Walter de Gruyter, 378-388.

Jaspers, Karl. "Man as His Own Creator(Morality)", *Nietzsche-Critical Assessment, On Morality and the Order of Rank*, Vol. Ⅲ., Edited by Daniel W. Conway with Peter S. Groff, London · New York: Routledge, 1998.

Kaufer, Elizabeth Rebecca. *Nietzsche and the "fundamental problem of 'man and woman'"*, Ann Arbor: Michigan State University, 2001.

Kaufmann, Walter. "Nietzsche's attitude toward Socrates", *Nietzsche-critical assessments*, Vol. Ⅳ., *Between the last man and the overman, The question of Nietzsche's Politics*, Edited by Daniel W. Conway with Peter S. Groff, London · New York: Routledge, 1998.

Kiss, Endre. "Friedrich Nietzsche—A theoretician of modern democracy", *Revista Portuguesa de Filosofia*, T.57(2001), 269-284.

Klein, Wayne. "The philosopher as writer: form and content in Nietzsche", *New Nietzsche Studies*, Nietzsche Society, Vol. 2., No. 3&4(41-62), Summer 1998.

Klinsky, Matthew. *The pathos of distance: Dis-ease and eudaimonia in Nietzsche's writings*, Normal: University of Illinois, 2007.

Klossowski, Pierre. "Nietzsche's experience of the eternal return", *Friedrich Nietzsche*, Edited by Harold Bloom, New York: Chelsea house publishers, 1987.

Lampert, Laurence. "Zarathustra and his disciples", *Nietzsche Studien*, Band 8(1979), Berlin · New York: Walter de Gruyter, 309-333.

Long, Thomas A. "Nietzsche's eternal recurrence—Yet again", *Nietzsche Studien*, Band 16(1987), Berlin · New York: Walter de Gruyter.

Love, Frederick R. "Nietzsche's quest for a new Aesthetic of Music: 'Die Allergrösste Symphonie', 'Grosser Stil', 'Musik des Südens'", *Nietzsche Studien*, Band 6(1977), Berlin · New York: Walter de Gruyter, 154-194.

Löwith, Karl. "'Nietzsche's revival of the doctrine of Eternal recurrence'", *Nietzsche-Critical Assessments*, Vol. Ⅱ., *The world as will to power—and Nothing Else?: Metaphysics and Epistemology*, Edited by Daniel W. Conway with Peter S. Groff, London · New York: Routledge, 1998.

Magnus, Bernd. "Eternal Recurrence", *Nietzsche Studien*, Band 8(1979), Berlin · New York: Walter de Gruyter, 362-377.

Nehamas, Alexander. "How one becomes what one is", *Friedrich Nietzsche*, Edited by Harold Bloom, New York: Chelsea House Publishers, 1987.

Neumann, Herry. "Superman or Last man?—Nietzsche's interpretation of Athens and Jerusalem", *Nietzsche Studien,* Band 5(1976), Berlin · New York: Walter de Gruyter, 1-28.

Peddle, David. *Incipit parodia/incipit tragoedia: A commentary on part one of Also sprach Zarathustra*, Grenfell Campus, Memorial University, Animus14(2010), www.swgc.mun.ca/animus.

Platt, Michal. "What does Zarathustra whisper in life's ear?", *Nietzsche Studien*, Band 17(1988), Berlin · New York: Walter de Gruyter, 179-194.

Rethy, Robert. "The tragic affirmation of the Birth of Tragedy", *Nietzsche Studien*, Band 17(1988), Berlin · New York: Walter de Gruyter, 1-44.

Richardson, John. Nietzsche's New Darwinism, New York: Oxford University Press, 2004.

Sachs, Carl Beck. *The collapse of transcendence in Nietzsche's middle period*, San Diago: University of California, 2005.

Safranski, Rüdiger. *Nietzsche—philosophical biography*, translated by Shelley Frisch, New York: W. W. Norton & Company, 2003.

Salaquarda, Jörg. "Dionysus versus the Crucified one: Nietzsche's understanding of the Apostle Paul", *Nietzsche-Critical Assessment*, Vol. Ⅳ., *Between the last man and the overman, The question of Nietzsche's Politics*, Translated by Timothy F. Sellner, Edited by Daniel W. Conway with Peter S. Groff, London · New York; Routledge, 1998.

Schacht, Richard. *Nietzsche*, Boston: Routledge & Kegan Paul, 1983.

Scheffauer, Herman. "A correspondence between Nietzsche and Strindberg", *The North Amercian Review*, Vol. 198., No 693, Aug 1913, University of Northern Iowa.

Simmel, Georg. *Schopenhauer and Nietzsche*, Translated by Helmut Loiskandl, Deena Weinstein, and Michael Weinstein, Urbana: University of Illinois Press, 1986.

Stambaugh, John. "Thought on the Innocence of Becoming", *Nietzsche Studien*, Band 14(1985), Berlin · New York: Walter de Gruyter, 164-178.

_____. "Thought on a Nachlass Fragment from Nietzsche", *Nietzsche Studien*, Band 6(1977), Berlin · New York: Walter de Gruyter, 195-204.

Strong, Tracy B. "Politics and Time: The overcoming of the past", *New Nietzsche Studies*, Vol. 6., 3/4(Fall 2005) & Seven 1/2(Spring 2006)(197-210), Nietzsche Society, 2005.

Tagungen. "Political uses and abuses of Nietzsche", Rudolf E. Kuenzli, *'The Nazi appropriation of nietzsche', A special session at the convention of the modern language association of America*, in Houston · Texas, Dec.1980, *Nietzsche Studien*, Band 12(1983), Berlin · New York: Walter de Gruyter, 428-435.

Tambornino, John. *The coporeal turn: Affect, embodiment and necessity in political theory*, Baltimore; The Johns Hopkins University, 1999.

Taminiaux, Jacques. "On Heidegger's interpretation of the Will to power as Art", *New Nietzsche Studies*, Vol. 3., N1&2(1-22), Nietzsche Society, Winter 1999.

Taylor, Charles Senn. "Nietzsche's Schopenhauerianism", *Nietzsche Studien*, Band 17(1988), Berlin · New York: Walter de Gruyter, 45-73.

Thatcher, David S. "Eagle and serpent in Zarathustra", *Nietzsche Studien*, Band 6(1977), Berlin · New York: Walter de Gruyter, 240-260.

Westerman, Martin Pasgaard. *Self, freedom and knowledge in Nietzsche*, Universitaet Heidelberg(407-419).

Wicks, Robert. *Nietzsche*, Oxford: Oneworld Publications, 2002.

Williams, David Allan. *The theme of life in Nietzsche's philosophy*, The University of Chicago, 2003.

Winstead, William Henry, IV. *Nietzsche's imperatives*, Amherst: University of Massachusetts, 2001.

Wood, Alan Brent. *Creative engagements: Strauss, Arendt and Deleuze reading Nietzsche*, Baltimore: The Johns Hopkins University, 2000.

Zuckert, Catherine. "Nature, History and The Self: Friedrich Nietzsche's Untimely Considerations", *Nietzsche Studien*, Band 5(1976), Berlin · New York: Walter de Gruyter, 55-82.

3. 기타.

Arendt, Hannah. 『예루살렘의 아이히만』, 김선욱 역, 한길사, 2006.

_____. 『전체주의의 기원』, 이진우·박미애 역, 한길사, 2006.

_____. 『인간의 조건』, 이진우·태정호 역, 한길사, 2014.

Aristotle, *The Nicomachean Ethics*, translated by David Ross, New York: Oxford University Press, 1998.

Badiou, Alain. 『조건들』, 이종영 역, 새물결, 2007.

Bergson, Henri. *Time and Free will*, translated by F. L. Pogson, New York: Dover Publications, 2001

_____. *Matter and Memory*, translated by Nancy Magaret Paul & W. Scott Palmer, New York: Dover Publications, 2004.

_____. 『물질과 기억』, 박종원 역, 아카넷, 2011.

Copleston, Frederick S. J. *A History of Philosophy*, Vol. 1., Westminster: The Newman Press, 1960.

Deleuze, Gilles & Guattari, Félix. 『철학이란 무엇인가?』, 이정임·윤정임 역, 현대 미학사, 1999.

_____. 『천 개의 고원: 자본주의와 분열증』, 김재인 역, 새물결, 2001.

Descartes, René. 『성찰 ①- <성찰>에 대한 학자들의 반론과 데카르트의 답변』, 원석영 역, 나남, 2012.

Edwards, Paul. (ed). *The Encyclopedia of Philosophy*, Vol. 3-6., New York·London: Macmillan Publishing Co., Inc. & The Free Press, 1972.

Eley, Lothar. 『피히테, 쉘링, 헤겔-독일관념론의 수행적 사유방식들』, 백훈승 역, 인간사랑, 2008.

Hirschberger, Johannes. 『서양철학사 上, 下』, 강성위 역, 이문출판사, 2008.

Kierkegaard, Søren. 『죽음에 이르는 병』, 임규정 역, 한길사, 2007.

Levinas, Emmanuel. 『신, 죽음, 그리고 시간』, 김도형 외 2인 역, 그린비, 2013.

Lukács, Georg. 『역사와 계급의식』, 박정호·조만영 역, 거름, 2002.

Negri, Antonio. 『야만적 별종』, 윤수종 역, 푸른 숲, 1999.

Plato. 『플라톤의 티마이오스』, 박종현·김영균 공역, 서광사, 2000.

___. 『국가, 政體』. 박종현 역주, 서광사, 2005.

Spinza, Baruch. *Ethics,* translated by Andrew Boyle, London: Everyman's Library, 2002.

Unamuno Y Jugo, Miguel de.『삶의 비극적 감정』, 장선영 역, 누미노스, 2010.

Žižek, Slavoj.『신체 없는 기관』, 김지훈 외 2인 역, 도서출판 b, 2008.

_____.『헤겔레스토랑: 헤겔과 변증법적 유물론의 그늘』, 조형준 역, 새물결, 2013.

EBS MEDIA 기획.『EBS 다큐프라임 자본주의』, 가나출판사, 2014.

이윤기.『이윤기의 그리스 로마 신화 1, 2, 3』, 웅진닷컴, 2004.

Time 誌. April, 13, 2009.

정영수

1971년 전북 임실 오수면에서 태어났다. 전주고, 전북대학교 철학과를 졸업하고, 니체의 인간관 연구로 2015년 여름에 동 대학원에서 철학박사학위(Ph.D)를 받았다. 현재 전북 김제시에서 거주중이며, 전북교육청 소속 교육행정직 공무원으로서 공립학교의 행정실장으로 재직중이다. 또한 철학 강사를 겸직하면서 광주광역시 호남대학교 교양학부에서 대학생들에게 서양 철학사를 강의하고 있다.

니체의
인간관 연구

초판인쇄   2021년 7월 30일
초판발행   2021년 7월 30일

지은이   정영수
펴낸이   채종준
펴낸곳   한국학술정보㈜
주소   경기도 파주시 회동길 230(문발동)
전화   031) 908-3181(대표)
팩스   031) 908-3189
홈페이지   http://ebook.kstudy.com
전자우편   출판사업부   publish@kstudy.com
등록   제일산-115호(2000. 6. 19)

ISBN   979-11-6603-480-0 93160